Stephen Hart

Von der Sprache der Tiere

Mit einem Vorwort von Frans de Waal

Mit zahlreichen Abbildungen

Aus dem Amerikanischen von
Fritz R. Glunk

Deutscher Taschenbuch Verlag

Deutsche Erstausgabe
Dezember 1997
Deutscher Taschenbuch Verlag GmbH & Co. KG, München
© 1996 Robert Ubell Associates, Inc.
Titel der amerikanischen Originalausgabe:
The Language of Animals
Henry Holt and Company, Inc. New York 1996
ISBN 0-8050-3839-6
© der deutschsprachigen Ausgabe:
1997 Deutscher Taschenbuch Verlag GmbH & Co. KG,
München
Umschlagkonzept: Balk & Brumshagen
Umschlagfoto: © Lacz/MAURITIUS
Redaktion und Satz: Lektyre Verlagsbüro,
Olaf Benzinger, Germering
Druck und Bindung: C. H. Beck'sche Buchdruckerei, Nördlingen
Gedruckt auf säurefreiem, chlorfrei gebleichtem Papier
Printed in Germany · ISBN 3-423-33012-0

Inhalt

Vorwort

von Frans B. M. de Waal

Wenn wir einen guten Freund treffen, ziehen wir die Lippen auseinander und lassen die Zähne sehen. Wenn wir uns schämen, erweitern sich die Adern im Gesicht und am Hals und enthüllen jedem unser Inneres durch eine hellrote Färbung der Haut (was das Ganze nur noch schlimmer macht). Und wenn wir von etwas winzig Kleinem sprechen, dann halten wir den Zeigefinger knapp über den Daumen, während wir bei voluminöseren Gesprächsgegenständen die Arme weit auseinanderbreiten.

Die meiste Zeit tun wir solche Dinge, ohne darüber nachzudenken. Wir haben sie tatsächlich kaum unter Kontrolle. Wir können nicht auf Kommando erröten, und wir sind ebenso unfähig, die verräterische Hautfarbe zu unterdrücken, wenn wir lieber nicht erröten wollen. Auch unsere Gesten führen wir selbst dann noch aus, wenn uns niemand sieht, etwa beim Telefonieren. Die Mitteilungen unseres Körpers sind weithin automatisiert. Zwar trennt die Sprache den Menschen vom Tierreich, aber er bleibt ihm verbunden durch nichtsprachliche Mitteilungen. Wir verfügen über dieselbe Mimik, die gleichen Gesten wie unsere Mit-Primaten, die Affen. Junge Schimpansen zum Beispiel spielen mit offenen Mündern und sehen dabei aus, als würden sie dauernd lachen. Wenn sie einander kitzeln, stoßen sie heisere, schnell aufeinanderfolgende Laute hervor. Obwohl diese Stakkato-Töne nicht herausplatzen wie menschliches Gelächter, klingen sie doch so ähnlich, daß sie regelrecht ansteckend wirken können. Ich selbst komme jedesmal unwillkürlich ins Kichern, wenn ich unter meinem Bürofenster die Schimpansen herumtollen höre.

Die Bedeutung eines nichtsprachlichen Signals ist abhängig von der Situation, vom Kontext. Menschen beispielsweise lächeln, wenn sie glücklich – aber auch, wenn sie verlegen sind. Wir können mühelos die beiden Arten zu lächeln unterscheiden; wir sind wahre Meister in der Verarbeitung kontextueller Information. So ähnlich macht es auch ein Schimpanse. Er streckt einem anderen die offene Hand hin beim Versuch, an Futter zu kommen. Die gleiche Geste dient aber auch als Bitte um Hilfe: Ein junger Schimpanse, wenn er von einem ranggleichen Tier angegriffen wird, läuft dann vielleicht zu seiner Mutter und streckt hilfesuchend die Hand nach ihr aus; und die Mutter begibt sich auf den Kampfplatz, um ihrem Jungen beizustehen. Eine dritte Bedeutung hat die ausgestreckte Hand nach einem Streit. Einer der beiden streckt dem Gegner die Hand hin; wenn dieser die Einladung annimmt, wird mit Kuß und Umarmung Friede geschlossen. So ist ein und dieselbe Geste je nach Kontext einmal Betteln um Futter, dann Hilfeersuchen, schließlich ein Friedensangebot.

Daß Schimpansen eine geradezu menschenähnliche Verständigung mit so hoher Flexibilität beherrschen, wird kaum überraschen. Schließlich sind sie ja unsere nächsten Tierverwandten. Aber wie halten es die Millionen anderer Tiere, von den Insekten über die Vögel zu den Säugetieren im Wasser und auf dem Land, mit denen wir nicht so viel gemeinsam haben? Auch ihre Kommunikation ist hoch entwickelt und oft von erstaunlicher Komplexität. Wie diese Tiere sich verständigen, wie sie einander anziehen oder meiden und ihre Handlungen aufeinander abstimmen, ist für sie von alles entscheidender Bedeutung. Ihr Überleben hängt davon ab.

Bei allen Tierarten gilt dabei immer die gleiche Voraussetzung: Zwei oder mehr Individuen derselben Art müssen irgendein Arrangement miteinander vereinbaren. Das kann ganz Verschiedenes betreffen, eine Paarung, die abwechselnde Bewachung des Nestes oder auch die Festlegung einer Ranghierarchie. Jedesmal müssen sie einem anderen ihre Wünsche und Absichten mitteilen und ihm zeigen, wie stark, gutwillig oder begehrenswert sie sind.

Ohne erfolgreiche Verständigung wäre jedes Tier nur eine Insel für sich und abgesondert von allen anderen Inseln seiner Art.

Kommunikation jedoch befähigt die Tiere, miteinander zu leben und ihr Miteinanderleben gemeinsam aufzubauen, sei es in positiver Hinsicht, wie bei der Kooperation der Honigbienen oder bei einer Meute von Jagdhunden, sei es zur Abgrenzung, wenn etwa ein Nachtigallenmännchen bis zur Erschöpfung singt, um etwaige Rivalen von seinem Gebiet fernzuhalten.

Manche Signale sind artspezifisch, das heißt sie entwickeln sich ganz natürlich bei allen Individuen einer Art.

Alle Gänse zum Beispiel bedrohen einen Eindringling mit gestrecktem Hals und tiefem Kopf, und alle Dohlen fordern den Partner zum engeren Kontakt auf, indem sie ihre Halsfedern zum Putzen anbieten. Die ersten Verhaltensforscher – unter ihnen Konrad Lorenz – betonten gern die stereotype, instinktive Art und Weise dieser Signale und nannten sie deshalb Erbkoordination. Die damit aufgestellte Behauptung – daß diese Äußerungen also angeboren seien – forderte diejenigen Wissenschaftler heraus, die alles Verhalten nur durch Lernen zu begründen versuchten. Schwerwiegende Folgen ergaben sich damit auch für die menschliche nichtsprachliche Kommunikation, von der man heute überwiegend annimmt, daß sie sowohl durch genetische Faktoren als auch durch die Umwelt beeinflußt ist.

Die Grenzlinie zwischen angeborenem und erlerntem

Verhalten ist inzwischen so unklar und verwischt, daß die meisten Wissenschaftler dieses Unterscheidungskriterium aufgegeben haben. Ganz besonders trifft das auf diejenigen Kommunikationssignale zu, mit denen sich eine Gruppe oder Population von ihren Nachbarn unterscheidet, wie etwa bei einigen Vogellied-Dialekten (die in Kapitel 7 vorgestellt werden). Dieser Gesang besitzt nicht nur allgemeine artspezifische Charakteristika, sondern er wandelt sich auch je nach Wohngebiet der Vögel – er ist also gleichzeitig ererbt und erlernt. Man sieht daran, daß die Erklärung von Tiersignalen bei weitem nicht so einfach ist, wie man üblicherweise angenommen hat.

Bei Schimpansen fallen uns manchmal willkürliche Gesten auf, deren Ursprung unbekannt ist, oder auch Töne, die wie Wörter einer Menschensprache klingen. In den Mahale-Bergen in Tansania zum Beispiel machen die Schimpansenmännchen ihre Weibchen durch das sogenannte Blatt-Knipsen auf sich aufmerksam. Das Männchen nimmt ein paar Blätter zur Hand und beißt sie in kleine Stücke, indem es das einzelne Blatt vom Mund wegzieht. Mit dem dabei entstehenden Reißgeräusch zieht es die Aufmerksamkeit des Weibchens auf sich. Diese Art der Brautwerbung kennt man nur bei den Mahale-Schimpansen. Eine andere für sie typische Geste ist das sogenannte Handschlag-Putzen: Zwei Schimpansen fassen sich bei der Hand, heben die beiden verschlungenen Hände hoch über ihre Köpfe und kraulen sich gegenseitig mit den freien Händen.

Das Handschlag-Putzen hat man nur bei zwei Schimpansen-Gruppen beobachtet, die in Freiheit weit voneinander entfernt leben. In jeder dieser beiden Gruppen ist es gang und gäbe, völlig unbekannt jedoch in benachbarten Gruppen. Die Beobachtung ergibt ein starkes Argument für ein »kulturelles« Handlungsmuster, mit anderen Wor-

Nim Chimpsky zeigt: »ich«.

ten: eine erlernte Gewohnheit, die von einer Generation zur nächsten weitergegeben wird.

Vor einigen Jahren erfuhr ich einen regelrechten Wiedererkennungsschock, als hier in der Yerkes Field Station zwei sich putzende Schimpansen plötzlich ihre Arme mit ineinandergelegten Händen in die Luft streckten. Es sah genauso aus wie auf den wenigen veröffentlichten Fotos, die das Handschlag-Putzen zeigen. Ich wußte genau, wie selten es auf freier Wildbahn zu sehen ist, und hatte es noch nie bei gefangenen Schimpansen gesehen. Einer der beiden von mir beobachteten Schimpansen hieß Georgia. Wir fanden später heraus, daß der Handschlag Georgias »Erfindung« war, da er nur bei solchen Paaren vorkam, an denen Georgia beteiligt war. Georgia war in dieser Gruppe geboren und nur hier aufgewachsen, sie konnte also den

Handschlag nicht von außen mitgebracht haben. Aber das war noch nicht das Ende unserer Überraschungen.

Anfangs beobachteten wir das Handschlag-Putzen im Schnitt höchstens einmal pro Monat. Heute ist es ein allgemein gepflegter Brauch, und viele andere Paare machen ihn mit, manchmal sogar, ohne daß Georgia dabei ist. Gelegentlich schaue ich aus dem Fenster und sehe einen kleinen »Wald« von erhobenen Armen, dann führen gleich mehrere Schimpansenpaare das seltsame Ritual gleichzeitig vor. In keiner anderen mir bekannten Schimpansen-Population habe ich es jemals kennengelernt. Wie bei den Menschen reichen also auch bei den Tieren die nichtsprachlichen Verständigungen von stereotypen und artspezifischen bis zu erlernten »kulturellen« Äußerungen. Sie sind eines der reichhaltigsten und spannendsten Gebiete der Zoologie.

Und dieses Buch präsentiert einige faszinierende Beispiele dafür, wie verschiedenartig Tiere ihren Artgenossen begegnen.

Frans B. M. de Waal, Ermory University, Atlanta

Einleitung

Man tut sich vermutlich schwer, jemanden zu finden, der ohne sprechende Tiere aufgewachsen ist. Von den ersten Micky-Maus-Comics bis zu Disneys ›König der Löwen‹, von Rintintin über Fury bis zu Flipper – in allen möglichen Formen und Medien sind Kinder und Erwachsene von Tieren begleitet, die zu ihrer eigenen Art sprechen, mit anderen Tieren und sogar mit Menschen. Die Idee des sprechenden Tieres ist viel älter als jeder Buchdruck; es taucht schon in den Märchen und Sagen fast aller Kulturen auf.

Andererseits lernen Kinder schon früh, daß Tiere nicht sprechen und uns nicht verstehen können. Oder können sie es vielleicht doch? Denken wir nur einmal an den besten Freund des Menschen, den Hund: Erst legt er seine kühle, feuchte Schnauze fest auf das Knie seines Herrchens, dann trottet er zur Tür, winselt ein bißchen. Alles klar? Aber ja doch: »Ich will spazierengehen!« Oder das: Eine Katze springt mittags auf den Schreibtisch, marschiert auf der Computertastatur hin und her und führt Frauchen dann geradewegs zum leeren Futternapf (den wahrscheinlich der Hund sauber ausgeschleckt hat). Wieder hat ein Tier dem Menschen etwas mitgeteilt. (Natürlich gehören auch Menschen in gewisser Weise zum Tierreich, aber, um mich nicht dauernd zu wiederholen, sage ich einfach »Tier«, wenn ich ein »nicht-menschliches Tier« meine.)

Auch in ihrer eigenen Welt tauschen Tiere Botschaften aus. Eine männliche Libelle stößt im Sturzflug auf ein Weibchen herab, packt es, und zusammen gehen sie auf ihre luftige Hochzeitsreise. So gut wie nie ergreift das Männchen etwas anderes als ein Libellenweibchen, denn

Körpergröße, Form und Farbe lassen ihn die passende Partnerin richtig erkennen. Mit listig angebrachten Farbtupfern allerdings kann man das Männchen auch hereinlegen.

Die Verständigung mittels Form und Farbe des Körpers verlangt offensichtlich kein Bewußtsein des Partners, keinerlei Wunsch und Absicht, dem anderen irgend etwas zu erzählen. Auch einigen anderen Kommunikationsformen fehlt jede Mitteilungsabsicht. Sehr viele Weibchen, Motten ebensogut wie Blindmäuse, benützen so kräftige Geruchsnachrichten, daß sich nach dem Empfang ein kilometerweit entferntes Mottenmännchen auf den Weg macht oder alle anderen weiblichen Blindmäuse im Bau ihren Eisprung unterdrücken.

Diese Tiere haben keine bewußte Wahrnehmung der Gestalt oder des Geruchs ihrer Körper. Viele andere Arten jedoch scheinen sich für diese oder jene Mitteilungen zu entscheiden. Eine typische Botschaft lautet allem Anschein nach folgendermaßen: »Hallo, ich bin ein Männchen. Wie wär´s mit einer Paarung?« Das Weibchen fühlt sich davon angezogen und kommt leise näher. Wäre lediglich diese eine Nachricht angekommen, so hätte es allerdings kaum ein Auswahlkriterium für die Partnerwahl. Bei den meisten Arten scheint das Männchen deshalb noch einen Superlativ hinzuzufügen: »Ich bin nicht nur ein Männchen, ich bin ein echt *starkes* Männchen!« Was tun daraufhin die Weibchen? Wählen sie den besten Bewerber aus? Charles Darwin hat sich in seinem Buch ›Die Abstammung des Menschen und die geschlechtliche Auslese‹ (erschienen 1871) mit der Frage beschäftigt: »Es bleibt eine Frage von übermächtigem Einfluß auf die geschlechtliche Auslese bestehen, nämlich: Erregt und lockt jedes Männchen der gleichen Art das Weibchen auf gleiche Weise? Oder trifft das Weibchen eine Wahl und zieht bestimmte Männchen anderen vor?« Ein Kollege Darwins, Alfred Russell Wallace, der ebenfalls über die natürliche Auslese schrieb, war der festen Überzeugung, die Weibchen könnten sich ihre Partner nicht aussuchen, weil kein Weibchen die geistige Fähigkeit hätte, zwischen verschiedenen Männchen zu unterscheiden. Die meisten Wissenschaftler, die heute das Verhalten und seine Evolution untersuchen, würden Wallace sicher widersprechen. Wie aber die Auswahl durch das Weibchen erfolgt, ist immer noch kompliziert und umstritten.

Die heutigen Biologen bieten uns gleich mehrere Verfahrensweisen solcher Partnerwahl durch das Weibchen – und dazu jeweils mehrere evolutionäre Grundprinzipien. Bei manchen Arten verschafft das Männchen Nahrung, Hilfe oder Schutz, wovon das Weibchen unmittelbar profitiert; aus diesem Grund wählt es denjenigen Partner, der nach ihrer Auffassung am besten für sie sorgt. Wenn sie recht hat, dann hilft er mit, sie gesund zu erhalten und gesunden Nachwuchs hervorzubringen, der ihre Gene weiterträgt und auch die ihres Partners, darunter – vermutlich – den genetischen Code eines guten Familienvaters. Das Ergebnis: Ihre Gene bieten künftigen Generationen eine höhere Überlebenschance.

Bei anderen Arten jedoch liefert das Männchen nichts anderes als seinen Samen. Und da wird die Angelegenheit verwickelter.

Ein Weibchen könnte in diesem Fall beispielsweise äußere Merkmale bevorzugen, die meist zusammen mit guten Genen auftreten. Dafür stünden ihr verschiedene Möglichkeiten zur Verfügung: Sie könnte den ältesten Partner wählen, den mit dem größten Körper, mit der tiefsten Stimme oder auch den mit dem bestangepaßten Auftreten. Solche Männchen haben länger überlebt als jüngere und geben vermutlich auch ihre Überlebensgene weiter. Oder aber sie sucht sich einen aktiven Partner aus, einen von strotzender Gesundheit, der am wildesten tanzen kann oder das frischeste Federkleid zur Geltung bringt. Gesunde Partner vermitteln mutmaßlich eine Menge Gesundheitsgene. Schließlich könnte sie aber auch einen möglichst dominanten Partner suchen, der fähig ist, das größte, das begehrteste oder auch ein unwiderstehlich hübsch dekoriertes Territorium zu beschützen und alle Rivalen zu verjagen.

In all diesen Fällen muß das Weibchen dem männlichen Signal vertrauen. Nun kann es aber auch vorkommen, daß die Wahl auf den falschen Partner fällt. Stellen wir uns nur mal vor, Pfauenhennen wählen immer Pfauenhähne mit besonders langen Federschweifen – also Männchen von der monatelangen guten Gesundheit, die für das Wachstum einer so prächtigen Körperzierde gebraucht wird. Wahrscheinlich bringen solche Männchen auch noch Gene für einige andere gute Merkmale mit. Die weibliche Vorliebe für lange Pfauenschweife wird nun zur Entwicklung immer längerer Pfauenschweife führen. Irgendwann einmal kreuzt die ansteigende Kurve der Schweiflänge bei den Männchen die abfallende Kurve ihrer körperlichen Tüchtigkeit und Fitneß. Jenseits dieses Kreuzungspunktes ist der aufwendige Federschmuck nicht mehr ein Zeichen der Überlegenheit, sondern eine lästige Behinderung. Vor Generationen noch eine Garantie für eine Menge guter Gene, ist er jetzt bloß noch betrügerische Werbung. Das ganze System, indem es sich laufend selbst bestätigt, rast ins Sinnlose. Denn immer noch wählen die meisten Weibchen die Männchen mit dem langen, prachtvollen Schmuck, obwohl diejenigen mit den kürzeren Federn – genetisch gesehen – die bessere Wahl wären. Natürlich kommt die Population zu einem späteren Zeitpunkt wieder ins Gleichgewicht, wenn die wenigen Weibchen, die ihre Partner zufällig nach anderen Kriterien auswählen, ihren wenn auch nur etwas erfolgreicheren Nachwuchs hervorbringen.

Nach Meinung einiger Wissenschaftler muß ein Signal, um begehrte Gene anzuzeigen, das Männchen einen sichtbaren Preis kosten. Diese Theorie, genannt »Handicap-Prinzip«, besagt, daß ein übertriebenes Federkleid, ein riesenwüchsiges Geweih oder extravagantes Auftreten im Endeffekt die Lebensfähigkeit des Männchens vermindern. Mit anderen Worten: Solchen Luxus zeigen nur diejenigen Männchen, die ihn sich auch leisten können. Ein minderwertiges Aussehen deutet also nicht auf begehrte Gene hin. Deshalb warten die Weibchen lieber auf den möglichst ausgefeilten Lockruf, den aufwendigen Balztanz, den prachtvollen Federschmuck, der für das Männchen selbst ohne unmittelbaren Nutzen zu sein scheint. Dieses kostspielige Signalement ist aber auch eine Mitteilung an die Raubtiere. Manche Springböcke, eine kleine Antilopenart der Kalahari-Wüste, verkünden jagenden Hunden oder Hyänen ihre ausgezeichnete Gesundheit durch eine eigenartige Technik, die man »Hürdenlauf« genannt hat. Statt beim Anblick eines Raubtiers mit Höchstgeschwindigkeit zu flüchten, unterbrechen sie ihren Lauf von Zeit zu Zeit mit hochfliegenden Luftsprüngen. Mit exakt paralleler Beinhaltung wie ein Olympiaturner schweben sie einen Augenblick über den Rücken der Herde, als wollten sie dem Verfolger sagen: »Es hat gar keinen Zweck, mich zu jagen, ich bin offensichtlich schneller!« Das Handicap-Prinzip garantiert die Ehrlichkeit der Mitteilung, obwohl das einzelne Individuum gelegentlich natürlich auch mogeln kann.

Die Fähigkeit einzelner Tiere, einen anderen zu »täuschen«, geht weit über das Paarungsverhalten hinaus und spielt eine Rolle auch in der Verständigung mit möglichen Raubtieren, Geschlechtsrivalen und Mitgliedern der eigenen Gruppe.

Der Regenpfeifer zum Beispiel nistet gern an Küstenfelsen, ungeschützt vor seinen Feinden. Der grauweiße Vogel schmiegt sich indes gut getarnt zwischen die ähnlich gefärbten Gräser und Kieselsteine. Wenn nun zufällig beispielsweise ein Waschbär auf das Nest stößt, kann man ein überraschendes Schauspiel erleben. Der Regenpfeifer erstarrt weder, noch fliegt er plötzlich auf, sondern er trottet mit kleinen Schritten langsam zur Seite und hält dabei einen Flügel seitlich nach unten abgeknickt, als wäre er gebrochen. Wenn Sie sich nun wie ein hungriger Waschbär verhalten und ihm nachgehen, werden sie sehen, daß er Sie dauernd in sicherem Abstand hält und immer weiter vom Nest wegführt. Kehren Sie nun um und gehen etwa zum Nest zurück, dann umkreist er Sie aufgeregt und humpelt noch mitleiderregender. Schließlich, wenn er Sie weit genug in die Irre gelockt hat, ist er plötzlich wieder ganz gesund und erhebt sich in die Luft wie Phönix aus der Asche.

Ein offenbares Täuschungsmanöver braucht nicht immer die komplexe Gehirnstruktur eines Vogels. Glühwürmchen, überall auf der Welt, sind Experten der Desinformation und inszenieren einen regelrechten Thriller mit verblüffenden Wendungen und plötzlichem Tod im Dunkeln. Die winzigen Insekten mischen in einem besonderen Organ in ihrem Magen bestimmte Chemikalien und strahlen dadurch Licht ab. Normalerweise blinkt das Männchen seine Lichtsignale in einem individuellen Rhythmus in die Nacht, wartet auf die passende Antwort eines Weibchens und steuert es auf diesem Strahl zur Paarung an.

Das unaufmerksame Männchen aber sieht sich manchmal bei aller Lichterotik einer tödlichen Überraschung gegenüber. Es gibt nämlich weibliche Raubtier-Glühwürmchen, die die Signale anderer Arten nachahmen und die Männchen damit in ihr Verderben locken. In etwa zehn Prozent ihrer Täuschungsversuche sind diese Weibchen erfolgreich. Deshalb landen die meisten Männchen in einer gewissen Entfernung von den zeichengebenden Weibchen, um deren Lichtcode vorsichtshalber noch einmal zu überprüfen oder gar die Identität der Partnerin durch Geruchssensoren festzustellen.

Solches Zögern bietet den Männchen einen offenkundigen Vorteil. Manche fügen dann der komplizierten Handlung noch eine weitere Wendung hinzu. Nachdem sie sich endlich dem richtigen Weibchen genähert und seine Artverwandtschaft gesichert haben, imitieren sie ihrerseits die Lichtsignale der weiblichen Raubtier-Glühwürmchen. Dieser Trick hat zur Folge, daß die Mitbewerber ihre Annäherung noch länger hinauszögern, was dem ersten Männchen Zeit läßt, das begehrte Weibchen allein zu beanspruchen.

Vermutlich tun diese Tiere nur, was ihnen die Natur mitgegeben hat, ohne Absicht und Bewußtsein. Andererseits läuft da keineswegs irgendein stures Verhaltensprogramm ab. Der Regenpfeifer paßt seine Laufgeschwindigkeit genau dem Schritt des vermutlichen Raubtiers an, er registriert offenbar dessen Reaktionen und übertreibt sein Rollenspiel, falls er nicht die gewünschte Beachtung erzielt. Die männlichen Glühwürmchen senden artspezifische Lichtsignale, um mit einem passenden Weibchen Verbindung aufzunehmen, aber artfremde Signale, wenn sie rivalisierende Männchen abschrecken wollen. Derartige Verhaltensvielfalt bedingt zumindest ein unbewußtes Repertoire an Mitteilungen. Sicher wäre die Auffassung gewagt, das Glühwürmchen sei ein eiskalter Betrüger, und man mag sich auch nicht vorstellen, dem Regenpfeifer sei bewußt, daß er die Flügelverletzung nur simuliert. Aber bei den großen Affen kennen wir einige Täuschungsmanöver, die auch einen Skeptiker nachdenklich machen könnten.

Im Freigehege des Tierparks von Arnheim (Holland)

untersuchte Frans B. M. de Waal eine Schimpansenkolonie. Sein Buch ›Wilde Diplomaten‹ enthält mehrere Feststellungen, die auf die Fähigkeit zur gewollten, geplanten Täuschung hindeuten.

Zwei Beispiele:

Ein Schimpanse namens Yeroen hatte sich im Streit mit Nikkie verletzt und begann furchtbar zu humpeln. De Waal und seine Kollegen schauten ihm genauer zu und mußten schließlich erkennen, daß Yeroen nur dann humpelte, wenn Nikkie ihn sehen konnte. Sobald er um eine Ecke bog oder sich im Rücken Nikkies befand, war seine Behinderung auf geheimnisvolle Weise verschwunden.

Puist, eine andere Schimpansin, entwickelte die Gewohnheit, eine Versöhnungsgeste vorzutäuschen. Nach einem Streit streckt ein Schimpanse dem Gegner die Hand hin, als wollte er etwas wie einen Händedruck anbieten. Auch Puist, wenn sie in einer Rauferei zu unterliegen drohte, hörte mittendrin auf, näherte sich langsam ihrer Kontrahentin und reichte ihr die Hand. Wenn aber diese mit der gleichen Geste antwortete, packte Puist die Überraschte von neuem und setzte den Kampf fort.

Wer die Kommunikation zwischen Schimpansen oder vielen anderen Tieren beobachtet, bemerkt unwillkürlich auffallende Ähnlichkeiten zwischen ihnen und unserer menschlichen Verhaltensvielfalt. Meerkatzen zum Beispiel geben einen bestimmten Schrei ab, wenn sie eine Schlange erblicken, und einen ganz anderen, wenn sie einen Adler sehen. Schimpansen und einige andere Tiere gehen manchmal arglistig miteinander um. Bienen, so simpel sie gebaut scheinen, teilen einander die Lage weit entfernter Pollenplätze mit. Handelt es sich bei diesen Dingen schon um Sprache? Sicher wird niemand den Schwänzeltanz der Bienen und die Warnrufe der Schimpansen mit einer Menschensprache gleichsetzen wollen. Unsere Verständigungsfähigkeiten, gleichgültig in welcher Kultur wir aufwachsen, übertreffen bei weitem jede Tierkommunikation an Beziehungsreichtum, Feingefühl und Differenzierungsvermögen. Aber ist das wirklich ein grundsätzlicher Unterschied? Oder nur eine Frage von mehr oder weniger?

In ihrer bisherigen Geschichte hat die Philosophie immer wieder betont, daß die Sprache uns vom Tierreich trennt. Zwar akzeptieren inzwischen alle modernen Biologen den Lehrsatz Darwins, demzufolge alle Merkmale von Lebewesen auf einer Skala von der einfachsten zur höchst differenzierten Ausprägung sozusagen übergangslos vorkommen. Wenn es aber um Sprache geht, zerfallen die Wissenschaftler sofort in zwei Lager. Die einen beharren darauf, daß menschliche Sprache nur geringe Ähnlichkeit mit Tierkommunikation aufweist, und wehren sich dagegen, derartiges überhaupt mit dem Begriff »Sprache« zu bezeichnen. Diese Wissenschaftler, unter ihnen viele Linguisten, definieren Sprache vorrangig durch die Charakteristika der menschlichen Sprache, also durch Kreativität, Regeln und Bedeutung. Die anderen halten dagegen, daß die Verständigung unter Tieren, ebenso wie die menschliche Sprache, wie jedes andere Merkmal in der ganzen Bandbreite zwischen einfacher und höchst komplexer Form betrachtet werden muß. Sie verweisen auf das Kommunikationsverhalten von Schimpansen in freier Wildbahn sowie auf Versuche, in denen Großaffen gelernt haben, sich bis zu einem gewissen Grad mit Menschen zu verständigen; dies seien Beweise dafür, daß die Unterschiede zwischen Menschen- und Tiersprachen nur graduell seien und geringer, als man gemeinhin glaubt.

Wie erhaben auch immer die Sprache der Menschen sein mag, fest steht, daß wir mit einigen Tieren Nachrichten austauschen können – wiederum bis zu einem gewissen Umfang. Großaffen haben es geschafft, »Sprachen« zu lernen, die aus Handzeichen und Symbolen bestehen. Papageien lernen ganze Wörter sprechen und benützen diese auch gern dazu, ihr Können vorzuführen. Ein scharfes »Nein!« hat zweifellos eine Bedeutung für einen Hund. Viele Tiere können auf Handzeichen oder gesprochene Kommandos reagieren (was man »Dressur« nennt). Darüber hinaus zeigt eine neue Art von Versuchsanordnung, daß es möglich ist, Tieren fast aller Arten eine bedeutungsvolle Mitteilung zukommen zu lassen. Indem wir Tierlaute auf Tonträger aufnehmen und sie ihnen »zurückspielen«, können wir ihre Aufmerksamkeit gewinnen und sie sogar zu einem bestimmten Verhalten bewegen. In einigen Fällen wurde die Tonaufnahme leicht modifiziert und führte zu einem entsprechend modifizierten Verhalten. Diese sogenannten Playback-Experimente sind heute ein außerordentlich wirksames Instrument für den Wissenschaftler und bringen uns dem allmählichen Verständnis der Tierverständigung näher.

Warnung und Bekenntnis

Das Beobachtungsfeld für tierische Kommunikation ist unglaublich weitgespannt und reicht von den Farbmustern des Tintenfischs bis zum vielschichtigen Sozialleben der Delphine. Jede Tierart, die sich geschlechtlich fortpflanzt, braucht eine mindestens zum Zweck der Paarung ausreichende Verständigung. Die Formen der Kommunikation verwenden alle fünf Sinne, mit denen auch Menschen die Welt erfassen, und daneben noch ein paar andere, die wir nicht kennen, etwa den elektrischen Sinn der Haie oder die Infraschallempfänglichkeit der Wale. Dieses unüberschaubare Gebiet faszinierender Informationen habe ich nur kurz betreten und einige wenige Proben herausgepickt (ich habe erheblich mehr ausgelassen, als in dieses Buch passen würde). Ich hoffe immerhin, die Lust des Lesers, mehr darüber zu erfahren, wird damit angeregt: auch durch weitere Bücher, aber vor allem, indem er selbst Tiere zu beobachten lernt.

Nun muß ich aber auch zugeben, daß ich dieses Buch mit Enthusiasmus geschrieben habe. Ich habe in meiner Wohnung einen südamerikanischen Klammeraffen gepflegt, ich habe meinen Meerschweinchen zugepfiffen, elektrische Fische mit meiner Stereoanlage abgehört, zu mehreren Hunden gesagt »Gehen wir spazieren?« und den Zustand des Futternapfs mit diversen Katzen diskutiert.

Ich bin aufgewachsen mit der Liebe zu Tieren, den wirklichen und denen im Märchen. Aber ich habe auch eine Ausbildung in Neurobiologie, einer Disziplin, die mit klareren Kontrollen arbeitet als Sprachwissenschaft oder Feldforschung. Ich kann nur hoffen, daß sowohl meine berufliche Skepsis als auch meine Liebe zu den Tieren in den folgenden Kapiteln zu spüren sind, ebenso meine feste Überzeugung, daß wir das Leben auf unserer Erde auch damit ein wenig verbessern, daß wir die Geschöpfe, mit denen zusammen wir diesen schönen Planeten bewohnen, besser kennenlernen und erhalten.

Der ein bißchen zu schlaue Hans

Gegen Ende des 19. Jahrhunderts veranstaltete ein pensionierter deutscher Lehrer namens Wilhelm von Osten die wahrscheinlich berüchtigtste Vorführung in der Geschichte der Tiersprache. Das Experiment mit seinem Pferd Hans wirft noch heute seinen unangenehmen Schatten über alle Versuche, die Tiefen der Verständigung zwischen Mensch und Tier auszuloten.

Von Osten hielt Hans für ein schlaues Pferd und machte sich daran, ihm die Grundrechenarten beizubringen. Der ehemalige Lehrer hatte sich entschlossen, bei diesem Unterricht dieselben Methoden anzuwenden wie vorher bei seinen Schülern. Er fing mit einfachen Aufgaben an, ging aber, als er zu seiner Überraschung Hansens gute Leistungen sah, schon bald zum schwierigeren Teil über. Schließlich konnte Hans zweistellige Zahlen voneinander abziehen, indem er das Ergebnis mit dem Vorderhuf auf den Boden klopfte. Nur ganz selten verrechnete er sich.

Der Ruhm des mathematikbegabten Pferdes eilte durch Europa. Von überallher kamen Neugierige, auch einige renommierte Wissenschaftler. So ziemlich jeder war von Hansens Fähigkeiten überzeugt. Er konnte die richtige Antwort sogar dann geben, wenn sein Trainer nicht anwesend war.

Zwei Skeptiker allerdings hatten sich eine Testform ausgedacht, für die Hans dann doch nicht schlau genug war. Zuerst vereinbarten sie ein bestimmtes Rechenexempel. Einer der beiden flüsterte es Hans ins Ohr und verließ den Raum. Erstaunlicherweise löste Hans die Aufgabe. Dann aber stellte der Flüsterer Hans eine Frage, über die niemand sonst informiert war, und ging wiederum aus dem Raum. Jetzt fiel Hans durch. Seine Trefferquote sank auf pures Zufallsniveau.

Hans war tatsächlich begabter, als irgend jemand sich vorstellen konnte – nur nicht für Mathematik. Was er statt dessen beherrschte, war das Verständnis der menschlichen Körpersprache. Von Osten mußte zu seiner Verblüffung einsehen, daß Hans bei der Antwort einfach mit dem Huf zu klopfen anfing und immer weiterklopfte, bis die Körpersprache seines Herrn ihm anzeigte, daß er die gewünschte Zahl erreicht hatte. Diese Erfahrung hatte Hans dann auch noch verallgemeinert und konnte sie bei anderen Fragestellern anwenden, ja sogar bei Zuschauern, die die Lösung kannten. Wenn aber niemand, den er sehen konnte, die richtige Antwort wußte, hatte er nicht den blassesten Hinweis, wann er mit dem Klopfen aufhören sollte.

Der Skandal um den »Schlauen Hans« hat der populären wie der wissenschaftlichen Begeisterung für die Mensch-Tier-Verständigung einen jahrzehntelang wirksamen Schlag versetzt. Heute nimmt kaum noch jemand an, daß Pferde eine menschliche Sprache verstehen. Wer das jedoch kann, sind viele Großaffen. In den 60er und 70er Jahren erlebten Versuche, nunmehr mit Schimpansen, Orang-Utans und Gorillas ins Gespräch zu kommen, eine bemerkenswerte Auferstehung. Dann aber schlug das Schlauer-Hans-Phänomen noch einmal zu. Einer dieser Forscher untersuchte Videobänder von »Unter-

haltungen« zwischen Trainern und ihrem Versuchs-
tier Nim, einem Schimpansen, der mit Hilfe der amerikanischen Zeichensprache einige Wörter gelernt
hatte. Eine präzise Bild-für-Bild-Analyse enthüllte,
daß die Trainer jedes Wort unbewußt »vorsagten«
und »vormachten«, so daß Nim sie lediglich imitierte.
In Unkenntnis ihrer eigenen Stichwörter hatten sie
Nim die Fähigkeit zugeschrieben, Sätze zu produzieren. So schmolz der Enthusiasmus für den Sprachunterricht zwischen Mensch und Tier ein zweites Mal
dahin. Die wenigen Forscher, die sich gegenwärtig
mit derartigen Studien befassen, haben ständig den
Schlauen Hans vor Augen und bemühen sich nach
Kräften, wissenschaftlich saubere Versuchsanordnungen zu entwerfen.

Kapitel 1: Kopffüßer

»Ich Tarzan, du Jane.« Wenn der männliche Tintenfisch sprechen könnte, wäre das wohl sein Vorstellungstext. Nun benützen Tintenfische selten Töne, um etwas mitzuteilen, aber das Männchen bringt seinen Text auf andere Weise doch noch an; er ist zwar länger, aber einfacher konstruiert und lautet: »Ich Tarzan. Du Tarzan? Nein. Muß Jane sein.« Tintenfische (ebenso wie Kalmare) verwenden dafür die eindrucksvolle Fähigkeit, den Pigmentanteil in ihrer Haut zu verändern. Ihre Nachrichten sind bunte Blitzlichtbilder, Flecken und Kleckse vor einer Hintergrundfarbe. Sie bereichern diese visuelle Kommunikation zudem durch bestimmte Schwimmhaltungen und Bewegungen ihrer Fangarme. Mit ihnen gehören die Kalmare und die Polypen zur Klasse der Cephalopoden oder Kopffüßer, wahre Geistesgrößen in der Welt der Mollusken. Sie hantieren mit ihren Armen, schwimmen mit Düsenantrieb, essen mit Schnäbeln und sehen mit Augen, die so kompliziert gebaut sind wie unsere eigenen.

Direkte Verbindungen zwischen dem Gehirn der Kopffüßer und speziellen Muskeln ermöglichen ihnen, blitzschnell die Hautfarbe zu wechseln, indem sie ihre Pigmentträgerzellen entweder zusammenziehen oder lockern. Diese Zellen liegen an der Hautoberfläche, sind mit rotem, gelbem oder schwarzem Pigment gefüllt und können in wenigen Tausendsteln einer Sekunde offen ausgebreitet werden oder ganz verschwinden. Unter dieser Oberflächenschicht liegen weiße Pigmentzellen und darunter eine weitere Schicht grüner Zellen, die einfallendes Licht reflektieren, falls sie nicht durch aktivierte Farbzellen in den oberen Schichten verdeckt sind. Kopffüßer steigern ihre Kommunikations-fähigkeit sogar durch eine Veränderung der Textur ihrer Außenhaut, indem sie warzenähnliche Höcker entweder aufstellen oder glattlegen. Zwar scheinen sie kaum Farben sehen zu können, aber sie finden sich bemerkenswert gut zurecht.

Wenn sie sich nicht gerade wie unsichtbar in ihre Umgebung schmiegen, dann zeigen manche Kalmare und Tintenfische eine dramatisch wechselnde Hautfärbung, die entweder den ganzen Körper erfaßt oder nur einen Teil davon. Bei manchen Arten haben Beobachter 31 verschiedene Ganzkörperbilder gezählt und ein mögliches Repertoire von fast 300 Ausdrucksformen errechnet, wenn man Ganz- oder Teilkörpermuster, Hauttextur und Körperhaltung miteinander kombiniert.

Abgesehen natürlich von der Paarung bleiben Polypen meist Einzelgänger. Bei ihnen hat man bis jetzt kaum irgendeine nennenswerte Kommunikation untereinander entdecken können. Aber genau wie Tintenfische und Kalmare zeigen auch sie, je nach ihrem inneren physiologischen Zustand, wechselnde Körperfarben. Die Männchen führen außerdem gern ihre vergrößerten Saugnäpfe vor, vermutlich, um damit ihr Geschlecht mitzuteilen. Die Weibchen einer bestimmten Art entwickeln lieber kreisförmig um den Schnabel angeordnete Leuchtzellen, eine Art Lippenstift, der das Männchen herbeilocken soll.

Jane Tintenfisch – wie die Weibchen jeder anderen Art – ist nun nicht einfach mit dem nächstbesten Tarzan zufrieden. Was sie braucht, ist ein besonders gesundes und kräftiges Exemplar, und sein Samen muß Gene enthalten, die ihrem Nachwuchs die Chance geben, erfolgreicher als andere zu überleben, zu reifen und wieder Nachwuchs in die Welt zu setzen. Sie achtet daher genau

Ein Kalmar beim Hochzeitstanz

28

auf eine Reihe erforderlicher Merkmale. Größe bedeutet für sie natürlich immer Gesundheit, aber auch Tintenfische oder Kalmare, die mit ausgestreckten Fangarmen und blitzenden Farbmustern vorbeischwimmen, sehen für sie offenbar recht gesund aus.

Diese beiden Tiere sind begehrte Lebensmittel, nicht nur für Sushi-Liebhaber, sondern auch für Meeresraubtiere. Aus diesem Grund bleiben sie normalerweise lieber am Boden, ununterscheidbar in ihrem gesprenkelten, unregelmäßigen Farbmuster. Aber wenn es um die Paarung geht, riskiert das Männchen sogar, vorher verschlungen zu werden, wenn es dafür nur die Chance erhält, seine Gene weiterzugeben.

Dann schwimmt der Tintenfisch heran mit weit vorgestreckten Armen, entweder gebündelt oder zum offenen Korb geformt, und läßt ein auffallendes Zebramuster aufblitzen, das seine Männlichkeit anzeigt. Alle anderen Tintenfische in der Nähe können gar nicht anders, als ihn zu bemerken. Die Männchen erwidern den Farbengruß, die Weibchen jedoch bleiben vorerst noch gesprenkelt. Das Männchen erkennt das Weibchen demnach nicht eigentlich an einem speziell weiblichen Farbmuster, sondern am Fehlen der männlichen Farben. Sollte einmal ein Männchen nicht mit einem Zebrafarbengruß antworten, vielleicht, weil es krank ist, kann es ihm leicht passieren, daß die übrigen Männchen es für ein Weibchen halten.

Alle Männchen stolzieren also in ihren Werbungsfarben vorbei, die meisten Weibchen warten noch ab. Erst wenn eines der Weibchen statt des wirren Gesprenkels ein einheitlicheres Grau anlegt, teilt sie ihre Bereitschaft zur Paarung mit. Jetzt wird der Wettbewerb unter den Männchen hitziger, und bei manchen Arten eskaliert er bis zum Anrempeln und sich gegenseitig Wegbeißen. Nach einer Weile drehen alle bis auf einen ab, ziehen sich zurück und neh-

Ein
kompaktes Bündel
Kalmar-Eier

men wieder die unauffällige Unisex-Sprenkelfarbe an, ein
Verhalten, das an die Unterwerfungshaltung eines Hundes mit
eingezogenem Schwanz erinnert.

Nachdem der Sieger (meist der größte von allen) durch
seine Unerschrockenheit die anderen Männchen vertrieben
hat, schaltet er von Aggressivität auf Feinfühligkeit um. Er
nähert sich der Partnerin, ersetzt die visuellen durch Be-
rührungssignale und streichelt sie mit seinen Fangarmen
sanft zwischen Augen und Armen. Möglicherweise signalisiert sie ihm eine gewisse Bestürzung mit dem Aufblitzen
eines schlagartig veränderten Körperfarbmusters. Der Partner beruhigt sie jedoch, indem er ihr einen Wasserstrahl zu-
bläst und dadurch ein wenig zur Seite schwimmt. Sodann
nähert er sich ihr wieder und wieder, bis sie ihn endlich aufnimmt, buchstäblich mit offenen Armen. Sollte ein gefühl-
loser Rivale versuchen dazwischenzufahren, blitzt ihn der
Sieger kurz mit einem intensiven Zebramuster an. Wenn er
bei einer solchen Störung gerade Seite an Seite mit der

Partnerin schwimmt, kann er das abweisende Streifenbild sogar nur auf der dem Rivalen zugewandten Seite sehen lassen. Gleichzeitig zeigt er auf der anderen Seite die einheitliche Graufärbung, die das Weibchen als sexuell attraktives Signal versteht. Dann endlich legen die beiden ihre Arme ineinander und beginnen mit der Paarung. In diesem Augenblick nehmen sie wieder das unauffällige Sprenkelmuster an, das am wenigsten Aufmerksamkeit erregt.

Die Kalmare, noch geselliger als Tintenfische, verständigen sich bei ihrer Werbung ebenfalls mittels Hautfarben. Sie sammeln sich erst in Gruppen von zehn bis 30 Individuen, aus der sich allmählich kleinere Partys ergeben mit einem Weibchen und zwei bis fünf Männchen. Das größte Männchen versucht, die Partnerin von den übrigen Bewerbern wegzulocken und beiseite zu führen. Jetzt beginnt ein regelrechtes Vorspiel zum Akt: Die beiden, eine Art Doppelschaukel, schwimmen sanft aufeinander zu und wieder auseinander. Wenn das Männchen in dieser Phase der Partnerin zu nahe kommt, düst sie möglicherweise davon. Dann folgt er ihr, und das Schaukelspiel fängt von neuem an. Es kann bis zu einer Stunde dauern, manchmal in sehr schnellen Bewegungen, und möglicherweise überprüft das Weibchen damit die Ausdauer und Gesundheit des Partners. Wie der Tintenfisch benützt das Kalmar-Männchen ein Zebramuster, um Rivalen zu verscheuchen, und zusätzlich eine seidige Silberfärbung mit der ebenso klaren Botschaft »Verschwinde!«, die es aber nur einseitig den potentiellen Störern zeigt, während die sexuell stimulierende Farbseite dem Weibchen zugewandt bleibt.

Kalmare umarmen sich aber nicht zur Paarung. Statt dessen versucht das Männchen, ein kleines Samenpaket an den Körper des Weibchens zu kleben. Während er es ihr hinstreckt, blitzt er sie mit schnell wechselnden Farbmustern seiner Pigmentzellen an. Bleibt das Päckchen an ihr kleben,

Kalmare bei der Paarung

so verstaut sie es in ihrer Samentasche und das Rendezvous ist beendet.

Die geselligen Kopffüßer wie Kalmare (besonders *Sepiotheutis sepioidea*) und Tintenfische sind also deutlich imstande, sich einem Partner mitzuteilen, zumindest ihre Bereitschaft zur Paarung, ihr eigenes Geschlecht und ähnliches (die entsprechenden Äußerungen beim Menschen wären etwa Erröten, Stottern oder sprechende Körperhaltungen). Aber können diese Tiere vielleicht noch andere Dinge ausdrücken als ihre sexuelle Disposition? Einige Forscher sind der Auffassung, daß die Ganzkörpermuster wie sprachliche Sätze funktionieren, mit Substantiven und Verben, und kleinere Punktensembles wie Adjektive und Adverbien. Körperhaltungen und bestimmte Bewegungen könnten dazu den nötigen Kontext liefern. »Möglicherweise«, meint Jennifer Mather, »bedeutet es etwas Komplizierteres, wenn *Sepiotheutis* am Körper seitliche Streifen und über den Augen goldene Brauen anlegt und gleichzeitig die Arme hebt.« Die Psychologin Mather untersucht das Verhalten der Kopffüßer und ist Dozentin an der Universität von Lethbridge in Alberta (Kanada). Ihre These jedoch, wiewohl faszinierend, bleibt vorerst unbestätigt.

Zur weitergehenden Untersuchung dieser visuellen Kommunikationsformen wären Mather und andere ihrer Kollegen gern imstande, die »Sprache« der Kopffüßer zu »sprechen«. Sie könnten, etwa mit Hilfe passend gefärbter »Modelltiere«, die visuellen Signale imitieren und so den Tintenfischen gewissermaßen etwas »sagen«. Aus den darauffolgenden Verhaltensänderungen ergibt sich dann womöglich ein Verständnis ihrer vielfältigen Verständigungsweisen.

»Ich vermute«, beschreibt Mather die Forschungslage, »daß Kopffüßer wohl keine derart komplizierte Sprache haben wie wir. Ich vermute aber auch, daß wir ein intelligentes Kommunikationssystem entdecken werden, wenn wir endlich die Zeit, die Kraft und die finanziellen Mittel haben, es herauszufinden.«

Kapitel 2: Der Tanz der Bienen

Honigbienen schenken dem Menschen nicht bloß konzentrierten Naturzucker und das sprichwörtliche Vorbild für fleißige Arbeit. Sie liefern auch das bei Tieren seltene Beispiel einer Verständigung über abwesende, weit entfernte Dinge. Manche sind sogar überzeugt, daß die Bienen – so einfach sie uns gebaut scheinen – die einzigen Tiere sind, die über eine Kommunikation mittels Symbolen verfügen.

Während die meisten Insekten ihre Sozialkontakte auf eine rasch abgeschlossene Paarung beschränken, bilden die Bienen (wie auch einige ihrer Verwandten, etwa Termiten) festgefügte Gesellschaften, die sowohl durch Arbeitsteilung als auch durch organisierte Zusammenarbeit gekennzeichnet sind. Bei allen Arten erfordert Zusammenarbeit immer irgendeine Art der Verständigung, und der Tanz der Bienen ist dafür das klassische Beispiel. Nachdem eine Arbeitsbiene eine lohnende Nektarstelle entdeckt hat, fliegt sie zurück in den Stock (Arbeitsbienen sind übrigens immer weiblich). Kurz darauf machen sich Dutzende ihrer Kolleginnen schnurstracks und zielgenau auf den Weg zur Futterstelle.

Woher wissen sie, wo diese liegt? Die Frage hat seit Aristoteles allen Naturforschern Kopfzerbrechen bereitet. Anfang dieses Jahrhunderts beschäftigte sich auch der österreichische Biologe Karl von Frisch systematisch mit dem Bienenproblem. Anfangs schien es ihm, als ob die losfliegenden Bienen einfach auf die Suche nach dem Duft gingen, den die Spur- oder Kundschafterbiene aus Versehen in den Stock gebracht hatte. Dann aber stellte er bei der zurückgekehrten Biene auch ein aufgeregtes Schwänzeln fest und begann genauer hinzusehen. In der Nähe des Stocks hatte er eine Zuckerwasserlösung plaziert. Diejenigen Bienen, die von dem Zuckerwasser zurückkehrten, marschierten über den Waben im Kreis; diejenigen aber, die Pollen von einer entfernten Blüte mitgebracht hatten, tanzten vor den anderen eine präzise Achterfigur.

Von Frisch nannte die beiden Verhaltensweisen den Nektartanz und den Pollentanz. Bei weitergehenden Untersuchungen kam ihm aber eine ganz andere Idee. Die unruhigen Tanzbewegungen der Kundschafterbienen nach der Rückkehr drückten nämlich viel mehr aus als nur Aufregung oder Information über die Art des entdeckten Futters. Er stellte sein Zuckerwasser nun immer weiter weg vom Stock auf und stellte fest, daß bei einer Entfernung zwischen 50 und 100 Metern auch die Nektarbiene sich in der Achterfigur bewegte, also eigentlich einen Pollentanz aufführte. Diese Tanzfigur, schloß von Frisch daraus, signalisierte nicht die Art des Futters, sondern seine Entfernung vom Stock.

Die Bienen rannten geschäftig hin und her, mit einer offensichtlichen Mitteilungsabsicht, summten eifrig mit den Flügeln und wedelten mit dem Hinterleib. Immer wieder schwänzelten sie in einer geraden Linie dahin, wonach sie jedesmal im Halbkreis an den Anfangspunkt zurückkehrten, und zwar zuerst links, dann rechts herum. Allmählich fand von Frisch heraus, daß die Kundschafterbiene durch die Schnelligkeit des Schwänzeltanzes und die Lage der geraden Linie den zahllosen Arbeitsbienen um sie herum sowohl die Entfernung als auch die Richtung des Futterplatzes mitteilte. Auf waagrecht liegenden Waben braucht die Biene ihren geraden Kreisdurchmesser nur in derjenigen Richtung zu laufen, in der sie die Blüten voller Nektar gefunden hat. Die Geschwindigkeit des Schwänzelns und die Anzahl der Durchläufe pro

Tanzende Spurbiene
und
Mitarbeiterinnen

Minute geben die Entfernung vom Stock an. Nun stehen die meisten Waben aber aufrecht. Wie zeigt in diesem Fall die Kundschafterbiene ihren Mitarbeiterinnen die gewünschte Richtung? Jetzt benützt sie gleichzeitig die Schwerkraft und den Sonnenstand. Der Winkel zur Sonne wird auf den Winkel zur Schwerkraft übertragen. Das hört sich kompliziert an, ist aber ganz einfach: 45 Grad rechts von der Vertikalen bedeutet 45 Grad rechts von der Sonne. Die Kundschafterbienen schaffen es dabei sogar, den tagsüber wandernden Sonnenstand sozusagen im Auge zu behalten. Nur eins können sie nicht: dabei auch noch eine Drehung ihres Stocks berücksichtigen. Normalerweise wohnen sie ja in Bäumen, und da hat es wenig Sinn, zusätzlich die Fähigkeit zur Berechnung eines sich drehenden Stocks zu entwickeln. Aber Bienenforscher verschieben gern einen Stock, so daß er sich nun nach einer ganz anderen Seite hin öffnet. In diesem Fall kommen die Bienen ganz durcheinander und werden unfähig, die getanzte Information zu befolgen.

Von Frischs These, Bienen hätten eine »Sprache«, löste bei seinen Kollegen einige Skepsis aus, und noch lange blieben einige lieber bei der vorherigen Meinung des Forschers, daß sich die Bienen allein an Geruchssignalen orientieren. Gleichwohl erhielt von Frisch 1973 den Nobelpreis, was bereits auf eine weitgehende Akzeptanz seiner Forschungsergebnisse schließen ließ.

Der entscheidende Test für ein Kommunikationssystem ist ein Experiment, dessen Variablen verändert werden können. Können wir demnach mit Bienen kommunizieren, indem wir ihren Tanz imitieren und ihnen damit Richtung und Entfernung eines bis dahin noch nicht besuchten Zielorts angeben? Unter der Leitung von Axel Michelsen (Universität von Odense, Dänemark) hat ein europäisches Team 1989 genau das versucht. Sie konstruierten eine Biene

Arbeitsbienen an Brutwaben

aus Messing und Bienenwachs und setzten ihr anstelle der Flügel ein Stück Rasierklinge ein. Die Roboterbiene konnte ihren Flügel genau im erforderlichen Rhythmus von 280 Schwingungen pro Sekunde schwirren lassen, mit dem Hinterteil wackeln und im Kreis tanzen. Sie konnte den Zuschauern sogar einige Tropfen Zuckerwasser abgeben.

Mit Hilfe eines Computers setzten die Wissenschaftler sodann die Roboterbiene in Bewegung. Beim normalen Schwänzeltanz stellte sie sich zwar etwas ungeschickt an wie jeder Roboter, aber die Nachricht erreichte ihre Kolleginnen. Einige von ihnen machten sich mit der Information auf den Weg und flogen die Futterstelle an, die Michelsen außerhalb des Stocks aufgestellt hatte. Am nächsten Tag schickte er die Bienen dann in die entgegengesetzte Richtung. Jedesmal fanden die Tiere das neue Ziel; völlig unabhängig von der Windrichtung befolgten sie die Nachricht der Roboterbiene. Diese konnte sich auf keinen Fall durch irgendwelche Düfte mit ihnen verständigt haben, da sie ja den Stock nie verließ. Trotz ihrer zeitweisen Unbeholfenheit, erklärt Michelsen, »hatte die Tänzerin während unserer gesamten Arbeit keine der Futterstellen besucht, und doch tauchten die Bienen an genau den Stellen auf, die sie ihnen anzeigte«. Nach mehreren Jahren weiterer Experimente sowohl mit Roboterbienen als auch mit solchen, bei denen die ausfliegenden Bienen individuell numeriert waren, sind heute so gut wie alle Wissenschaftler überzeugt, daß der Schwänzeltanz tatsächlich Richtung und Entfernung angibt, ganz wie von Frisch schon vorher behauptet hatte.

Aber wie können die Bienen den Tanz überhaupt wahrnehmen? Im Stock ist es ja dunkel, und die in dichten Haufen um die Tänzerin herumwimmelnden Arbeitsbienen sehen nichts. Michelsen sagt, es sei nach seinen Forschungsergebnissen unwahrscheinlich, daß sie den aufgeregten Schwänzeltanz mit ihren Füßen spüren. Er vermutet vielmehr, sie fühlen die Luftströme, die von den schlagenden Flügeln und dem schwänzelnden Hinterleib der Kundschafterbiene erzeugt werden. Auch die Roboterbiene war imstande, Flügel und Hinterleib schnell genug zu bewegen und damit solche Luftströme hervorzubringen.

In einem modifizierten Experiment erkannte Michelsen nun in der Tat den Schwänzelanteil des Tanzes als den Schlüssel zur Richtungsangabe. Die immer gleichen Halbkreise und die ständige Rückkehr der Kundschafterbiene an ihren Ausgangspunkt sind für die um sie herumkrabbelnden Bienen außerdem Hinweise darauf, wo der nächste Schwänzeltanz beginnen wird. Die Entfernungsangabe machte der Roboterbiene allerdings gewisse Schwierigkeiten. Michelsen meint, sie sei dafür nicht beweglich und differenziert genug, vielleicht gebe sie sogar widersprüchliche Auskünfte. Seine gegenwärtigen Forschungen befassen

Honigbiene
beim
Landeanflug

sich daher mit der Untersuchung, auf welche Weise die Luftströme der flügelschlagenden Kundschafterbiene Informationen enthalten.

Andere Wissenschaftler konnten zeigen, daß immer nur wenige Bienen, die ihre Köpfe nahe an die schwänzelnde Biene heranbringen, verstehen, was sie sagt. Die weiter entfernten Kolleginnen müssen dann nachrückend warten, bis sie an die Reihe kommen. Und neuere Versuche haben eine weitere Hypothese Michelsens bestätigt, daß nämlich Bienen mit ihren Fühlern die von der Kundschafterbiene ausgelösten Luftschwingungen »hören« können. Waren nicht beide Fühler intakt und funktionsfähig, so konnten sie mit der Information des Schwänzeltanzes nichts anfangen.

Kapitel 3: Andere Insekten

Moskitos

Ein Sommerabend auf der Veranda: der leise Wind in den Bäumen, das letzte Blätterrascheln, das Zirpen der Grillen. Aber dann und immer deutlicher wird man sich eines unangenehmen Gefühls bewußt. Zuerst ist der hohe und durchdringende Ton kaum zu hören, wird vernehmlicher und kommt näher. Plötzlich ertönt das laute Sirren scheinbar mitten in der Ohrmuschel. Für jeden Menschen ist das Geräusch eine geradezu körperliche Irritation, als ob einer mit dem Fingernagel über eine Schiefertafel kratzt. Für das Moskitomännchen ist es ein wunderschönes Lied – der Ton eines Weibchens auf der Suche nach Blut und Nahrung.

Denn auch die männlichen Moskitos hören den verführerischen Gesang der Weibchen, sie fliegen direkt darauf zu. »Man kann sie sogar mit einer angeschlagenen Stimmgabel der passenden Frequenz herbeilocken«, schreibt Marc J. Klowden, Moskitoverhaltensforscher an der Universität von Idaho. Der Ton wird durch die schwirrenden Weibchenflügel verursacht, seine Schwingungszahl kann nicht willkürlich verändert werden. Die Tonhöhe steigt deshalb nur mit der Temperatur der Außenluft. Die Männchen hören den Ton nicht etwa mit Ohren, sondern mit ihren Fühlern, die nur bei der exakten Schwingungszahl der Weibchenflügel zu vibrieren beginnen. Klowden erklärt es so: »Man kann sich die Funktionsweise der männlichen Fühler vorstellen wie einen kleinen Baum, der auf den Joystick bei einem Computerspiel montiert ist; die Zweige fangen Luftschwingungen auf und bewegen damit den unter ihnen befindlichen Joystick. Die Bewegungen des Moskito-›Joysticks‹, genannt Johnstons Organ, werden dann durch Sensoren in Nervenimpulse umgewandelt.« Die Impulse wandern ins Gehirn des Männchens, und dort werden sie schließlich als Geräusch interpretiert.

Glücklicherweise erhöht sich auch die mitschwingende Resonanzfähigkeit der männlichen Fühler mit steigender Temperatur, so daß sie immer auf die Frequenz des Weibchens eingestimmt bleiben. Dieses mechanische Zusammenspiel von Signal und Antwort zwischen den Flügeln der Weibchen und den Fühlern der Männchen erfüllt vollkommen seinen Sinn: Information zum Zweck der Paarung, bei der dann wieder neue Moskitos entstehen – viel mehr, als uns lieb sind.

Grillen

Die Zierde einer Sommerwiese, das symphonische Konzert zirpender Grillen, ist das Werk eines ausschließlich männlichen Orchesters. Jedes Männchen verkündet hier seine Anwesenheit und seine kräftige Gesundheit, indem es die Ansätze seiner Vorderflügel, die wie winzige Waschbretter gerillt sind, gegeneinanderreibt. Eine kurze Berührung bringt ein einzelnes Zirpen hervor, und der ganze Gesang der Grille besteht aus einer längeren Serie solcher Zirptöne, die man Triller nennt. Genau wie viele andere männliche Mitteilungen bedeutet der Triller zweierlei: eine »Komm-zu-mir!«-Aufforderung für Weibchen und eine »Hau-ab!«-Warnung an rivalisierende Männchen.

Für uns Menschen klingt das Wiesen-Konzert so, als ob alle Grillen gleichzeitig loszirpten. In Wirklichkeit spielen die Männchen aber nacheinander. Wenn einmal zwei gleich-

zeitig anfangen, schweigt sogleich einer der beiden und über-
läßt dem anderen damit den Platz. Das Weibchen, die Paarung im Sinn, reagiert auf den stärksten Zirptriller und bewegt sich zielstrebig darauf zu. Sie antwortet aber nicht auf
jeden und alle Bewerber, sondern nur auf einen Ton, der genau ihrer Art entspricht. Sie kann dabei außerordentlich
fein unterscheiden. Ein Wissenschaftler fand heraus, daß
sogar Weibchen, die aus der Kreuzung zweier Arten ent-
standen, nur auf den Gesang von Männchen exakt derselben Mischlingsherkunft antworten. Wenn man zwei Gril-
lenarten kreuzt, sagen wir A mit B, so antworten A-Weib-
chen immer nur auf A-Männchen, B-Weibchen auf B-Männ-
chen und die weiblichen Misch- oder Hybridexemplare auf
niemand anderen als Hybridmännchen. Noch feinere Unterschiede entdeckten die Wissenschaftler, als sie die Lieder
der verschiedenen Männchen auf Tonband aufnahmen und
die Schwingungen graphisch aufzeichneten. Es stellte sich
heraus, daß ein Hybridmännchen mit einem Vater A und
einer Mutter B (AB) eine andere Melodie produziert als ein
Mischling mit einem Vater B und einer Mutter A (BA).
Auch die hybriden Weibchen konnten diese Unterschiede
erkennen. So bevorzugten etwa AB-Weibchen klar die Töne
der AB-Männchen vor den drei anderen Angeboten A, B
oder BA. Die Forschung erklärt sich die wählerische Pin-
geligkeit damit, daß die Nervenzellen des Grillengehirns ein
präzises Muster produzieren.

Die Männchen singen also schlicht ihr genetisch durch die
Nervenzellen festgelegtes Lied und nichts anderes. Die
Weibchen verfügen über das entsprechende Erkennungs-
muster, die ideale Melodie sozusagen, mit dem sie nun vergleichen, was sie hören. Trotz aller genetischen Program-
mierung ihrer musikalischen Produktion können die
Männchen allerdings selbst bestimmen, wann, wo und wie laut
sie spielen (anders als die Moskitoweibchen, bei denen der

Singende Grillen

Ton unmittelbar durch das Flügelschwirren bestimmt ist). Das schließlich erfolgreiche Männchen lockt ein paarungsbereites Weibchen herbei und kann seine Gene der nächsten Generation weitergeben. Gelegentlich läuft da aber auch die Grillen-Version des Films ›Fatal Attraction‹. Das Männchen ist nämlich unter Umständen für eine ganz andere Partnerin attraktiv, die nicht etwa die Paarung sucht, sondern nur einen Platz zur Eiablage. So zum Beispiel eine Parasitenfliege der Gattung *Ormia*. Hat sie einmal einen Grillenmann erwischt, dann legt sie in ihm ein Ei ab. Die Made entwickelt sich, bohrt sich durch den Grillenkörper und wächst heran, indem sie ihn buchstäblich von innen auffrißt. Aber wie können die *Ormia* auf die Serenade einer von ihnen so grundverschiedenen Insektenart reagieren? Die *Ormia* ist nichts anderes als eine Fliege, etwa so groß wie Hausfliegen. Sie ist aber auch mit den Moskitos verwandt. Und genau wie diese nimmt sie Töne mit ihren

Fühlern wahr, die von den Luftschwingungen ins Flattern kommen. Ein *Ormia*-Weibchen hat gewissermaßen denselben Lebensplan wie ein Grillenweibchen: Beide müssen das Grillenmännchen hören und es sich dann zum Ziel nehmen. Um bei diesem Wettlauf zu siegen, muß die *Ormia* jedoch Töne über eine größere Entfernung hören können, als mit den Fühlern allein zu schaffen wäre.

In Jahrtausenden ihrer Entwicklung hat sie daher die gleiche Lösung des Problems herausgefunden wie die Grillenweibchen: ein Trommelfell. Die weiblichen Grillen tragen ihr winziges Trommelfell unter den Beinen. Im Unterschied zu anderen Fliegen besitzt auch das *Ormia*-Weibchen ein solches Organ. Nur hat es sich bei ihr zu einem erheblich feineren Sensor entwickelt als bei den Grillenweibchen. Wissenschaftler, die die Reaktionen der mit dem Trommelfell verbundenen Nerven gemessen haben, stellten fest, daß die *Ormia* auf den Ton des Grillenmännchens hundertmal empfindlicher reagiert als ein Grillenweibchen.

Wo die *Ormia* stellenweise zusammen mit Grillen leben, wie etwa auf Hawaii, müssen die Grillenmännchen also ein prekäres Gleichgewicht finden zwischen ihrem Paarungswunsch und der fatalen Aussicht, einer *Ormia*-Made als Speisekammer zu dienen. In der gefährlichen Koexistenz mit den Parasitenfliegen haben die hawaiianischen Grillen dazu einen Trick entwickelt: Sie zirpen kürzer. Außerdem spielen sie nur noch, wenn die Fliegen kaum unterwegs sind, das heißt im Dunkel der Nacht. Auf diese Weise locken sie die Grillenweibchen an und verhindern ihre Attraktivität für die weiblichen *Ormia*. Wohingegen andere Grillen derselben Art auf der Insel, aber ohne die Parasitenfliegen als Mitbewohner, ihr Lied bis zum letzten Takt durchspielen, und das durchgehend vom frühen Morgen bis in die Abenddämmerung.

Laubheuschrecken und Fledermäuse

Grillen sind nicht die einzigen Insekten, die ab und zu versehentlich mit der falschen Tierart kommunizieren. Einer ähnlichen Gefahr sieht sich einer ihrer nahen Verwandten ausgesetzt, die grüne, längerbeinige Laubheuschrecke. Wenn ein solches Männchen »aus voller Brust zu singen« beginnt, kann es ihm passieren, daß es nicht das begehrte Weibchen anlockt, sondern als Abendessen einer Fledermaus endet. Ein lauter, wiederholter Stakkato-Triller mit vielen Tonhöhen und Frequenzen, egal von welcher Tierart, läßt sich ohne Mühe lokalisieren. Im Endeffekt ist es ja genau das, was die männliche Laubheuschrecke mit dem Triller beabsichtigt. In Panama jedoch, wo Tausende von Fledermäusen herumfliegen, haben sich die Männchen notgedrungen ein anderes Lied ausgedacht. Sie singen jetzt auf einem viel höheren Ton, mit einem schmaleren Frequenzbereich und vor allem seltener. Man hat die Situation in einem Käfig voller hungriger Fledermäuse experimentell nachgestellt: Laute, enthusiastisch tönende Heuschrecken überlebten kaum eine Minute, während die eher zurückhaltenden, schweigsameren Männchen immerhin erst nach mehr als einer halben Stunde den Fledermäusen zum Opfer fielen.

Wie aber soll ein Männchen seine wahre Liebe finden, wenn es sich dauernd ruhig verhalten muß, um zu überleben?

Der leise und hohe Triller, nur selten gespielt, lockt ein Weibchen wenigstens in die Nähe mit etwas Glück vielleicht auf dieselbe Pflanze. Das vorsichtige Männchen vollendet dann die Werbung mit einem lautlosen, aber so begeisterten Tanz, daß Blatt und Stiel davon erbeben. Das Weibchen fühlt nun die Tanzbewegungen durch die Erschütterungen der Pflanze und trifft auf diese Weise ihren Partner mit dem kurzen, schönen Lied und den unwiderstehlich schwingenden Hüften.

Raupen und Ameisen

Nicht jede Kommunikation zwischen zwei Tierarten ist so gefährlich. Einige Schmetterlingsraupen zum Beispiel signalisieren ihre Anwesenheit wie die Laubheuschrecke durch Vibrationen. Sie streichen mit speziellen Organen, genannt vibratorische Papillen, über eine rauhe Stelle ihrer Außenhaut. Damit erzeugen sie einen Ton ähnlich dem, wenn ein Schlagzeuger mit dem Fingerhut über ein Waschbrett fährt. Aber der Ton der Raupe richtet sich keineswegs an einen Artgenossen (Raupen sind sozusagen vorpubertäre Schmetterlinge und paaren sich nicht), sondern an Ameisen. Wenn sie, von dem Ton gerufen, herbeikommen, werden sie durch Nahrung belohnt: süßliche Absonderungen, die die Raupe in speziellen Drüsen auf ihrem Rücken produziert. Außerdem geben die Raupen einen besonderen Duft ab, der die Ameisen vor möglichen Feinden warnt. Als Gegenleistung für die süßen Lebensmittel arbeiten die Ameisen als Leibwächter, umschwärmen die Raupen und halten ihnen Wespen und andere Raubtiere in sicherem Abstand. Bei einigen Arten tragen die Ameisen die Raupe sogar in ihren Bau und füttern sie dort. Ohne die Hilfe der Ameisen hätte die Raupe so gut wie keine Überlebenschance.

Möglicherweise benützen Raupen derlei Vibrationssignale auch deshalb, weil Ameisen ebenfalls solche Signale benützen, um andere Ameisen herbeizurufen. Für viele Ameisenarten ist das ein Kommunikationsmedium im Bau

Ameisenkönigin und kleinere Arbeitsameise

selbst und auch draußen, etwa wenn sie Hilfe brauchen. Eine bestimmte Art ist wissenschaftlich gut untersucht. Hier war eine Ameise unterirdisch in einem eingestürzten Gang eingeschlossen. Die Gefangene brachte daraufhin den Erdboden so zum Vibrieren, daß davon eine Rettungsmannschaft alarmiert wurde und sie wieder freischaufelte. Andere Arten verwenden Bodenvibrationen, um ihre Kollegen über eine lohnende Nahrungsquelle zu informieren. In ähnlicher Weise funktionieren vermutlich auch die Schwingungen der Raupe, die die Aufmerksamkeit der Ameisen auf sich lenken und zur Entdeckung der leckeren Rückensekrete führen.

Diese Fähigkeit, eine andere Art »anzusprechen«, ist nicht etwa ein vereinzelter komischer Tick der Evolution. Zwei andere Gruppen von Schmetterlingsraupen, die mit Ameisen Wohngemeinschaften eingehen, rufen ihre Mitbewohner ebenfalls dadurch herbei, daß sie den Untergrund zum Vibrieren bringen.

Sie benützen dabei allerdings keine vibratorischen Papillen, und die Wissenschaft weiß auch noch nicht, wie sie das fertigbringen. Im Gegensatz zu diesen Raupen kennt man mehrere andere Arten, die weder Rückensekrete liefern, noch mit Ameisen zusammenleben, noch irgendwelche Vibrationssignale senden.

Steinfliegen

Wenn die Laubheuschrecke die Insektenwelt in einem Disco-Wettbewerb vertritt, dann ist die Steinfliege der Schlagzeuger in einer Rockband. Zwar können auch andere Grashüpfer, Heuschrecken und Käfer trommeln, und Ameisen ebenso wie manche andere Insekten bringen den Untergrund zum Vibrieren. Aber kein Gliederfüßer erreicht auch nur annähernd die rhythmische Virtuosität der Steinfliege. Anders als bei Heuschrecken und Grillen sind hier die Männchen auf der aktiven Suche. Das Männchen einer bestimmten Art beginnt etwa mit einer Serie dumpfer Schläge: »Ba da da Da DA DA dam!«, worauf das Weibchen etwas leiser antwortet: »Ba da da da dam!« Bei der nächsten Art hört sich der männliche Schlagzeugrhythmus so an: »Ta TA TA TA TA!«, und die Antwort des Weibchens ist ein schnelles »Ta-ta-ta-ta-ta!«. Manche Arten begnügen sich mit der Wiederholung dieser zweiteiligen Abfolge. Einige jedoch verständigen sich in drei Schritten: Männchen ruft, Weibchen antwortet, Männchen bestätigt. Und dann gibt es wieder andere, die über ein noch viel komplizierteres Muster von Fragen und Antworten verfügen. Steinfliegen-Forscher haben ungefähr 150 Arten untersucht, und jede hat ihre eigenen Erkennungsrhythmen.

Da sie ohne Trommelstöcke auskommen müssen, nehmen sie statt dessen ihren Hinterleib, mit dem sie den Untergrund schlagen oder reiben, oder sie bringen ihn mit

Steinfliege

einem schnellen Schütteln des Körpers zur Vibration. Einige Arten besitzen zum Trommeln in Magenhöhe einen speziellen Fortsatz am Körper.

Der jeweils artspezifische Charakter des Trommelns setzt sich zusammen aus der Zahl der Schläge, ihrer Gestalt (also der trockenen Schärfe der Töne), dem Abstand zwischen ihnen und ihrer Gleich- oder Verschiedenartigkeit. Einige Arten bevorzugen einen Rhythmus von zwei Schlägen pro Sekunde, andere steigern sich in dieser winzigen Zeitspanne bis zu 20 Schlägen. Allem Anschein nach werden die Trommeltakte wie bei den Grillen durch ein in den Nervenzellen genetisch festgelegtes Programm hervorgebracht.

Auch ein computererzeugtes »Schlagzeugsolo« gewinnt die Aufmerksamkeit des Weibchens, aber nur, wenn die Schlagfolge sehr nahe an den artspezifischen Rhythmus herankommt. Kaum variiert man ihn ein bißchen, und schön hört das Weibchen weg. Andererseits hat man in Alaska und Colorado bei Steinfliegen einer bestimmten Art das Schlagen und Wiedererkennen eines leicht abgewandelten Rhythmus beobachtet. Aus der Tatsache derartiger Trommel-Dialekte bei diesen zwei Gruppen schließen Wissenschaftler, daß sich hier möglicherweise eine ganz neue Art evolutionär entwickelt.

Im Labortest schaffen es Männchen und Weibchen auf getrennten Zweigen eines Astes oder auf einem Holzbalken, sich über eine Entfernung von etwa drei Metern zu unterhalten. Gibt man ihnen zwei verschiedene Trommeln, zum Beispiel einen Papierkäfig im Labor oder auch im Freien ein trockenes Blatt oder eine trockene Baumrinde, so schrumpft die höchstmögliche Verständigungsdistanz auf etwa 60 Zentimeter. Auf einem festen Stein- oder Felsuntergrund, der sich nicht als Trommel eignet, bricht die Kommunikation zusammen.

Auf die rhythmischen Signale antworten lediglich jungfräuliche Weibchen. Hat das Trommelgespräch einmal begonnen, dann machen die beiden so lange weiter, bis das Männchen die Partnerin gefunden hat. Je energischer das Duett, um so eher kommen sie zur Paarung zusammen. Eine typische Suche auf einer horizontalen Versuchsanordnung im Labor läuft ungefähr so ab: Das Männchen wandert anfangs unter gelegentlichem Trommeln ziellos umher, bis es eine »Komm-zu-mir!«-Antwort hört und das Zwiegespräch einsetzt. Jetzt läuft das Männchen ein kleines Stück nach links und trommelt wieder. Es registriert die Richtung, aus der die Antwort kommt, biegt scharf ab, zielt die vermutlich günstigere Richtung an und schickt den nächsten Trommelruf los. Nach wenigen Kurvengängen stößt es dann auf das begehrte Weibchen. In freier Wildbahn, wo das typische Gelände aus zahllosen Zweigen eines astrei-

chen Baumes besteht, hat noch niemand derartige Such-
bewegungen systematisch beobachtet. Wissenschaftler
nehmen an, daß der Steinfliegenmann über eine angebore-
ne Peilungsfähigkeit verfügt, um die Partnerin zu lokalisieren, und daß diese anhand der Zeit, die er dafür braucht,
seine körperliche Tüchtigkeit beurteilt. Immerhin: Um
ihm die Aufgabe zu erleichtern, bleibt sie während des
Zwiegesprächs am gleichen Ort stehen, kann sich unter
Umständen aber auch fortbewegen, falls ihr das Männchen
zu langsam vorkommt und sie ihm ausweichen will (oder
aus Vorsicht, denn auch die Raubspinnen hören gierig mit).
Nach erfolgreicher Suche machen sich die beiden ohne
weitere Verzögerung an die Paarung. Natürlich haben die
geschicktesten Trommler die beste Chance, sich zu paaren
und ihre Eier abzulegen, bevor ein Raubtier sie überfällt.
Und die Weitergabe der Gene an die nächste Generation ist
schließlich der Sinn der ganzen Veranstaltung, unabhängig
davon, welche Kommunikationssignale dafür benützt werden.

Kapitel 4: Spinnen

Die Männchen einer Netzspinnenart haben ein Problem: Wie können sie dem Weibchen im Netz klarmachen, daß sie nicht Fraß und Beute sind, sondern potentielle Partner? Bei vielen Arten lösen sie das Problem damit, daß sie an den Netzfäden des Weibchens eine Art Serenade zupfen. Zuerst kündigen sie ihr Kommen an, und wenn sie keine Antwort erhalten, zupfen sie weiter, oft tagelang, bis das Weibchen seine letzte Häutung hinter sich hat und geschlechtsreif ist.

Schließlich hat der Werber die erwünschte Einladung zur Partnerin: Das Netz zuckt und zittert ein paarmal. Immer noch vorsichtig nähert er sich ihr. Netzspinnen sehen nicht gut, deshalb macht er mit den Zupfsignalen an den Fäden weiter bis zur endgültigen Vereinigung. Jede Spinnenart hat ihre eigene, charakteristische Art und Weise der Ankündigung und Annäherung, so daß die Partnerin immer erkennt, ob die Netzschwankungen von einem Partner derselben Art stammen.

Oder sie vertut sich. Gewisse Piratenspinnen nämlich kriechen manchmal ins Netz eines artfremden Weibchens. Dort zucken sie dann mit Körper und Beinen, genau wie sich ein passendes Männchen auf dem Weg zur Paarung anmelden würde. Wenn sich die so getäuschte Weibchenspinne nähert, dreht der Eindringling den Spieß um und frißt sie auf. Hier ist die Nachricht für den Empfänger schiefgegangen, und der Absender gewinnt ein Mittagessen. Derartige Simulanten, die in einer Reihe von Spinnenarten vorkommen, imitieren erfolgreich auch die Zappelbewegungen eines Insekts, das

Das Männchen der Schwarzen Witwe auf dem schnellen Rückzug

sich im Netz verfangen hat. Obwohl manche Wissenschaftler diese Verhaltensformen »Täuschungssignale« nennen, haben die Piratenspinnen keine bewußte Absicht, jemanden hereinzulegen. Auch wenn sie in gewissem Umfang ihre Taktik auf die Gewohnheiten der angegriffenen Tiere einstellen können, gelingt ihnen ihr Beutezug doch nur bei wenigen Arten.

Andere Spinnen, zum Beispiel die mexikanische *Cupiennius salei*, weben keine Netze, stehen mit der Außenwelt jedoch über Vibrationen in fühlbarer Verbindung. Genau wie ihre netzspinnenden Verwandten sitzt auch die *Cupiennius salei* still da und wartet auf eine vorbeikommende Beute. Aus ihrem Versteck unter einem Bananenblatt wagt sie sich nur bei Nacht heraus. Wie kann sie ihr Beutetier »erkennen«? Das unterste Glied ihres Spinnenbeins funktioniert ähnlich wie ein Stoßdämpfer; es knickt ein wenig ein, wenn es in allen möglichen Böden, auf denen sich das Tier gerade befindet, irgendeine Erschütterung spürt. Ein ahnungslos vorbeimarschierendes Insekt signalisiert sein Kommen durch eine geradezu individuelle Vibration des Untergrunds. Und die feinen Schwingungen sagen der Spinne, daß jetzt gleich Essenszeit ist.

Ganz offenkundig ist es keine leichte Aufgabe, dieses Mahlzeitsignal zu erkennen; man braucht sich nur das Tohuwabohu von Erschütterungen vorzustellen, das zum Beispiel Regentropfen, kleine und große Tiere, Menschenschritte oder Autos verursachen. Die Wissenschaftler glauben daher, daß die Spinne mit ihrem präzisen Feingefühl für Schwingungszahlen arbeitet. Autos zum Beispiel lassen ein Baumblatt mit einer tiefen Frequenz erzittern, eine Küchenschabe in einer viel höheren. Die Spinnen erkennen also unterschiedliche Schwingungen etwa so, wie wir die Türklingel vom Brummen eines vorbeifahrenden Lastwagens unterscheiden.

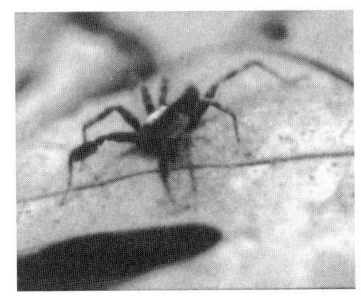

Eine
Wolfsspinne

Bei einer derartigen Feineinstellung auf ganz bestimmte Vibrationsfrequenzen ist es kaum noch verwunderlich, daß die Spinnen ebenso genau den passenden Partner erkennen. Aber die *Cupiennius salei* beherrscht noch ganz andere Fertigkeiten als die Partnersuche mittels zitternder Blätter. Sobald eines ihrer Männchen auch nur den Hauch eines Weibchendufts auffängt, beginnt es einen enthusiastischen Werbungstanz und schüttelt sein Hinterteil wie ein acht-füßiger Elvis Presley. Durch das ganze Blatt surren die Vibrationen, manchmal unterbrochen von kurzen Pausen, eine Art Liebesgedicht in mehreren Strophen. Das Weibchen hört sich höflich den ganzen Vortrag an, bevor es dem Bewerber sozusagen die Tür öffnet, indem es kurz selbst mit dem Hinterleib wackelt. Wird das Gedicht in einer fremden Sprache vorgetragen, also von einem Männchen einer anderen Art, dann bleibt das Weibchen stumm und rührt sich nicht. Man hat diese vibrierenden Liebeslieder bei einem halben Dutzend von *Cupiennius* und ihren nächsten Verwandten aufgezeichnet und darin kleinste Unterschiede in der Länge der einzelnen Impulse und Pausen gefunden. Wenn Wissenschaftler nun diese verschiedenen Vibrationsaufzeichnungen einem Weibchen vorspielen, so haben sie noch nie gesehen, daß es auf etwas anderes reagiert hätte als auf das Solo eines Männchens ihrer eigenen Art.

George W. Uetz (links) und einer seiner Kollegen mit einer Computerspinne

Springspinnen und Taranteln weben keine Netze, sie verlassen sich zum Beutemachen lieber auf ihre scharfen Augen. Der Werbungsdialog der Männchen besteht daher nicht nur aus Bodenerschütterungen, sondern einige Arten wedeln dabei mit den Armen, eine Art sexuelles Winkeralphabet. Einige Forscher fragten sich, wie ein Weibchen sich wohl verhält, wenn es die Videoaufzeichnung eines werbend winkenden Männchens sieht. Viele Tiere, so zum Beispiel Tauben und Bienen, sehen nämlich unsere 60 Fernsehbilder pro Sekunde nur als zu schnelle, verwirrende Diaschau und nicht als flüssige Filmbewegung. Aber bei den Wolfsspinnen stellte sich bald heraus, daß sie Videos nicht nur als sanfte Bewegungsabläufe sehen, sondern sie auch noch für die Wirklichkeit halten. George W. Uetz, Verhaltensökologe an der Universität von Cincinnati, und sein Kollege David L. Clark haben derartige Bewerber-Videos weiblichen Wolfsspinnen vorgeführt: Die Weibchen antworteten auf die sexuellen Winkersignale in gleicher Weise, sie drehten ihre Hinterleiber und erwiderten die Liebesgrüße mit ihren Armen.

Neuerdings hat Uetz zwei nah verwandte Wolfsspinnenarten untersucht. Die eine namens *Schizocosa rovneri* kennt nur Vibrationen zur Übermittlung ihrer Paarungssignale. Die Weibchen dieser Art übersehen das Armewinken einfach. Die andere, *Schizocosa ocreata*, benützt zum gleichen Zweck sowohl Vibrationen als auch die Winkersprache. Obwohl beide Arten im gleichen Wald wohnen, unterscheiden sich ihre jeweiligen Kleinbiotope. Winkersprachenspinnen leben in lockeren Laubhaufen, die ihre vibratorischen Signale stark dämpfen. Auf die Sichtweite dagegen hat Laub keinen Einfluß, und so können die *Ocreata*-Männchen ihre Nachrichten mühelos auch bei größeren Entfernungen übermitteln. Um den Vergleich mit dem Flaggen- oder Winkeralphabet vollends sinnfällig zu machen: Diese Männchen tragen an den Vorderbeinen kleine Haarbüschel wie Fähnchen, wodurch die Erkennbarkeit ihres Winkens noch erhöht ist.

»Wir fragten uns«, erläutert Uetz, »ob die visuelle Werbungsschau und die Haarbüschel an den Vorderbeinen der *Schizocosa ocreata* sich tatsächlich evolutionär entwickelten als eine Methode, die Sichtbarkeit der Signale zu verstärken.« Also rasierte er die Männerbeinchen, um herauszufinden, ob dann die Weibchen immer noch darauf antworten. Das Ergebnis: Nach der Rasur, wenn das Weibchen den Bewerber nur hören, aber nicht gut sehen konnte, halbierte sich die Erfolgsrate der potentiellen Partner.

Aber Uetz machte sich dabei Sorgen, ob der Haarverlust nicht möglicherweise das Verhalten der Männchen beeinflußt haben könnte. Das Abspielen der Werbungsvideos brachte ihn und seine Kollegen auf eine neue Idee. Sie übernahmen von modernen High-tech-Filmen das Verfahren der digitalen Bildbearbeitung und rasierten elektronisch die

Beine der Bildschirmspinne. Dann führten sie dieses Männchen einer passenden Partnerin vor. Sie reagierte kein bißchen auf die haarlosen Beine, womit bewiesen war, daß die Weibchen auf das Winkeralphabet der Haarfähnchen angewiesen sind.

Nun probierte Uetz noch etwas anderes aus. Er nahm ein Video der männlichen *Schizocosa rovneri* (also der Art, die beim Werben keine Winkersprache verwendet), die kräftig mit den Vorderbeinen winkten, und führte das Video den dazugehörigen Weibchen vor. Erwartungsgemäß nahmen diese keine Notiz davon. Danach fügte Uetz den Männerbeinen auf dem Bildschirm elektronische Haarbüschel hinzu und spielte das Video wieder den Weibchen vor. Dieses Mal zeigten sie an dem Gewinke Interesse. Das brachte Uetz zu der Vermutung, daß die winkenden *Ocreata* sich im Lauf der Evolution von den älteren *Rovneri* getrennt haben könnten, indem sie in ihrer Laubhaufen-Umwelt statt der vibrierenden Bewegungen die wirksameren Winkersignale ausbildeten. »Die Videomethode«, sagt er dazu, »befähigt uns zur Klärung der Frage, was in der Evolution geschieht, indem wir einer Art Merkmale hinzufügen, die sie nicht hat. Das sichtbare Werbungsverhalten benützt die sensorische Disposition der Weibchen (den Mechanismus der visuellen Beute-Erkennung), es ermöglicht den Männchen, sich als solche auszuweisen, und die Haarbüschel erleichtern die Erkennbarkeit dieser Mitteilung.«

Das Rätsel des verschwundenen Parfums

Auch für die Sierra-Nevada-Baldachinspinne ist das feingesponnene Netz eine Wohnung, in der sie sich vor Raubtieren sicher fühlen kann, und daneben eine praktische Methode des Nahrungserwerbs – aber nur bis zu ihrer letzten Häutung. Nachdem sie zum letzten Mal ihre Hülle abgeworfen hat, ist sie geschlechtsreif, und ihr Netz wird zum Brautbett.

Wenn die Spinne in einer sehr dichten Population lebt, in einer Spinnenstadt gewissermaßen, braucht sie sich nicht sonderlich anzustrengen, um ein Männchen auf sich aufmerksam zu machen. Täglich kommen mehrere bei ihr vorbei und sehen nach, ob sie schon Lust auf ein Rendezvous hat, indem sie vorsichtig ihren Körper betasten. Die meiste Zeit schubst sie die Bewerber von sich weg. Unmittelbar vor der letzten Häutung aber macht sie ihre kurz bevorstehende Reife dadurch deutlich, daß sie ihr abweisendes Verhalten einstellt. Ein besonders geschicktes, wachsames Männchen setzt sich dann in ihrer Nähe fest und verbringt schlaflose Tage und Nächte damit, etwaige Rivalen zu vertreiben. Hält der hoffnungsvolle Partner die Stellung erfolgreich, so wird er sich nach dem Fallen der letzten Hülle mit ihr vereinigen und ihre Eier befruchten. Die tagelange Abwehr der Mitbewerber macht ihn natürlich hungrig, und so frißt er zwischendurch, was immer sich an Beutetieren im Netz verfängt. Das Weibchen, glücklicherweise, bleibt während der Reifehäutung nüchtern.

Anders sieht es in dünner besiedelten Gegenden aus. Lebt die Spinne allein auf weiter Flur, dann verwandelt sie ihr Netz in ein parfümiertes, duftendes Taschentuch, das den Partner durch sein Flattern im Wind herbeilockt. Der sexuell attraktive Duft, den sie am Netz anbringt, ist ein auf große Entfernungen wirksames Signal. Für das Weibchen liegt der Nutzen dieses Duftsignals auf der Hand. Aber auch für den Partner, der darauf antwortet? Sein Interesse liegt vor allem darin, der einzige zu sein. Ein Schwarm von Mitbewerbern und potentiell gefährliche Rivalenkämpfe sind also eher zu vermeiden. Eine weitere Schwierigkeit kommt noch hinzu: Die Paarung der Sierra-Nevada-Spinnen ist nämlich eine komplizierte Angelegenheit und dauert alles in allem bis zu sieben Stunden; schon das Öffnen der raffiniert gebauten Sexualorgane nimmt eine volle Minute in Anspruch. Ein Rivale, der auch durch das Netzparfum angelockt wurde, wäre dabei eine außerordentlich störende Unterbrechung. Was tut also der wachsame Erstpartner? Er läßt das Signal verschwinden, indem er das Netz einholt und zu einer festen Kugel zusammenrollt.

Der Spinnenforscher Paul J. Watson an der Cornell University (Ithaca, N. Y.) stellte zu diesem Verhalten ein Experiment an. Er wollte wissen, ob dieses Netzeinrollen durch das Weibchen selbst stimuliert wird oder durch Pheromone (das sind außenwirksame Hormone), die vom Netz ausgehen. Zu diesem Zweck braute er einen Extrakt aus den Netzen von 84 geschlechtsreifen Spinnen, sprayte den Liebestrank auf ein unbewohntes Netz und setzte ein Männchen darauf. Innerhalb einer Minute rollte das Männchen genau den Teil des Netzes zusammen, den Watson mit dem Extrakt versehen hatte. Damit war erwiesen, daß Sierra-Nevada-Spinnen nicht nur sehr komplexe und situationsbedingte Signale senden und empfangen können, sondern auch, daß die Männchen, wenn es ihnen günstig erscheint, das Signal eines Weibchens unterdrücken.

Eine Frage der Ausdauer

Auch das extrem behutsame, gewandte Herbstspinnenmännchen *Metellina segmentata* schafft es nicht, sich eine hungrige Partnerin geneigt zu stimmen. Deshalb setzt er sich in ihre Nähe und beobachtet sie, stundenlang, tagelang. Wenn er feststellt, daß sie einen Fang gemacht und sich ihn einverleibt hat, weiß er, daß sie jetzt lange genug satt ist, um zu einer Paarung aufgelegt zu sein. Erst in diesem Augenblick kommt er aus seinem Versteck, betritt das Netz und gibt sich als Wunschpartner zu erkennen.

Kapitel 5: Fische

Den Laserblick, mit dem Supermann Stahlplatten durchschneidet, gibt es nur in Comics. Bei uns normalen Menschen sind die Sinne eher passive Empfangsorgane. Aus unseren Augen zischen keine Strahlen, sondern wir reagieren nur, wenn Licht auf unsere Netzhaut fällt. Töne allerdings können wir auch aktiv produzieren. Unsere Ohren, in einer wiederum passiven Reaktion, spüren dabei wechselnde Bewegungsenergien in Form kleinster Luftdruckschwankungen, die unser Trommelfell berühren. Beides, das Senden und das Empfangen von Tönen, benützen wir bei einer Unterhaltung. Wir hören auch uns selbst und stimmen mit solchem Feedback unsere eigene Lautstärke und Tonhöhe ab. Ähnlich die Fledermäuse: Sie senden Töne aus, horchen auf die Unterschiede der zurückgeworfenen Echos und »erspüren« damit ihre Umgebung. Gewisse Fischarten hingegen verständigen sich und kommen in ihrer Umwelt zurecht mit einem Signal, das man weder hören noch sehen kann: Sie machen es mit Elektrizität.

Dr. Brian Rasnow, Physiologe am California Institute of Technology, drückt es so aus: »Wie die Augen und Ohren Organe sind, die die Evolution konstruiert und präzise darauf eingestellt hat, auf optimale Weise Licht bzw. Schall wahrzunehmen, und wie Geschmackszellen als chemische Rezeptoren arbeiten, so haben diese Fische raffinierte Empfangsorgane zur Wahrnehmung elektrischer Felder.«

Mehrere Fischarten können solche Signale verarbeiten. Einige, so zum Beispiel die Haie, »sehen« mit diesem speziellen Sinn ihre Beute. Einige Haiarten

Die Parade der Schweinsfische

können nach Rasnows Darstellung noch elektrische Felder wahrnehmen, »die nicht stärker sind als 5 Nanovolt pro Zentimeter, das wäre gleichbedeutend damit, eine 1,5-Volt-Batterie auf eine Länge von 3000 Kilometern auseinanderzuziehen.«

Andere Fischarten gehen über diesen Elektrizitätssinn noch hinaus: Sie produzieren selbst Elektrizität. Den berüchtigten Elektroschock eines Aals kannte man schon, bevor man überhaupt verstand, was Elektrizität eigentlich ist. Einige Verwandte, nicht ganz so gefährliche Arten, können ebenfalls elektrische Felder aufbauen, wenn auch erheblich schwächere. Zwei Süßwasserfischfamilien haben die Fähigkeit entwickelt, ihre Körper mit elektrischer Ladung zu umgeben. Sie sind nun imstande, die kleinsten Schwankungen in diesen Spannungsfeldern wahrzunehmen, ebenso die Felder anderer elektrischer Fische, die schwachen Spannungsfelder aller übrigen Lebewesen sowie in all diesen Feldern Spannungsschwankungen, die von unbelebten Gegenständen in ihrer Umwelt verursacht werden. Dieser elektrische Sinn, so Rasnows Schlußfolgerung, ist vom Gesichtssinn ebenso unterschieden wie das Gehör.

Sehr schwach elektrische Fische bewohnen gern trübes Wasser und werden erst in der Nacht aktiv. In ihrer dunklen Umgebung benützen sie ihren Elektrosinn ganz genauso wie andere Tiere Augen und Ohren: um zu »sehen«, wenn sie sich bewegen oder auf Beutefang ausgehen, und um sich miteinander zu verständigen. Sie können nämlich nicht nur die elektrische Entladung ihrer eigenen Art von der aller anderen unterscheiden, sondern damit auch die Größe, das Geschlecht, das Reifealter und möglicherweise sogar die Identität jedes Artgenossen feststellen, der zufällig vorbeikommt. Mit anderen Worten: Jeder dieser Fische ist dauernd »auf Sendung« und gibt sich durch bestimmte Charakteristika und Schwankungen seines elektrischen Feldes

Ein Laternenfisch
mit dem
Leuchtorgan genau
unter dem
Auge

zu erkennen. Und doch hat diese Kommunikationsform ihre Grenzen.

Rasnow erläutert das mit einem Gedankenspiel aus der Welt der Menschen. Wenn jemand die Brille ablegt oder seine Kontaktlinsen herausnimmt und außerdem sein Zimmer mit dichtem Nebel füllt, dann kann er kaum weiter sehen, als seine ausgestreckten Arme reichen. Ähnlich funktioniert das elektrische Feld. Es verliert seine Kraft sehr schnell in der Umgebung (bei doppelter Entfernung sinkt die Feldstärke auf ein Achtel), so daß seine Wirksamkeit auf etwa die halbe Körperlänge des Fisches begrenzt bleibt.

Die damit mögliche Kommunikation erlaubt sozusagen keine Ferngespräche. Aber auch die auf den Nahbereich beschränkte Verständigung ist für die kontaktfreudigen Elektrofische von großem Nutzen. Häufig wird damit eine Gruppenhierarchie eingerichtet. Das ranghöchste Männchen »sendet« zu diesem Zweck mit einer Extremfrequenz, und zwar bei einigen Arten mit der höchstmöglichen, bei anderen mit der niedrigsten Schwingungszahl, und das dominante Weibchen wählt sich das jeweils andere Extrem als Sendefrequenz. Bei einer bestimmten Art beispielsweise ist für die Männchen die Frequenz von 60 Hertz reserviert (diese 60 Schwingungen pro Sekunde hat etwa auch unser Wechselstrom aus der Steckdose, und das tiefe Brummen

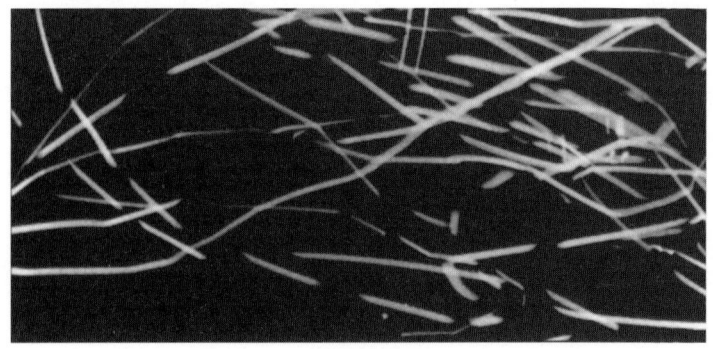

Photographische Leuchtspuren von Laternenfischen

bei einer schlecht geerdeten Stereoanlage macht sie hörbar), während die Weibchen mit 120 Hertz senden. Die jugendlichen Artgenossen liegen zwischen den beiden Extremen.

Viele Tiere, die in Gruppen mit einer Rangordnung leben, können ihre Statussignale kaum verändern. Ganz anders der elektrische Fisch. Er ist imstande, seine Frequenz zu verändern. Wenn ein solcher Fisch zum Beispiel auf den Gedanken kommt, den Anführer herauszufordern, so sendet er plötzlich mit der Frequenz, die eigentlich für das Alpha-Tier reserviert ist. Der Alpha-Fisch beantwortet die Provokation eventuell mit einem kurzen, aber aggressiven elektrischen Quietschen in einer kurzzeitig höheren Frequenz, mit einer Art elektrischer Ohrfeige also. Danach beginnt der Kampf der zwei Männchen um den Vorrang, und unbeweglich Maul in Maul verklammert nehmen sie sich oft die ganze Nacht Zeit bis zur Entscheidung. Endlich gibt einer nach, wobei er seine Niederlage durch ein abruptes Ende aller elektrischer Entladung signalisiert, und der Sieger hat damit das exklusive Laichrecht errungen. Im Laborversuch läßt sich dieser Ablauf experimentell nachstellen. Wird das Herausforderer-Modell elektrisch aufgeladen, so löst das einen sofortigen Angriff aus, und zwar am elektrischen »Kopf«-Ende. Werden die Pole der Ladung umgedreht, so greift das provozierte Alpha-Tier das gegenüberliegende Ende des Modellfisches an.

Bei einer bestimmten Art von Elektrofischen sind es die Weibchen, die das Laichterritorium verteidigen, und ein Männchen wird sich immer nur mit dem erfolgreichsten Weibchen paaren, das den besten Laichplatz besitzt. Die Partnerin hängt dabei kopfunter zwischen den Wasserpflanzen, während der hoffnungsvolle Partner 60 bis 80 elektrische Piepser pro Minute ausstößt, manchmal eine ganze Nacht lang. Die Piepser veranlassen die Partnerin schließlich zur Eiablage, woraufhin sie ihrerseits nun ihm zupiepst. Das ist für ihn das eindeutige Signal, die Eier zu befruchten.

Nun versuchen aber auch manche Weibchen, ihre eigenen Eier in den Laichplatz eines anderen, kräftigeren Weibchens hineinzuschmuggeln. Zu diesem Zweck verhalten sie sich, elektrisch gesprochen, völlig ruhig. Wenn das dominante Alpha-Paar sie zufällig entdeckt und verjagt, dann legen sie ihre Eier woanders ab, obwohl sie dort unbefruchtet bleiben. Diese erfolglosen Weibchen, bei denen es zu gar keiner Paarung kommt, scheinen von den männlichen Liebespiepsern derart stimuliert zu sein, daß sie auch ganz ohne Männchen Eier ablegen. Im Laborversuch simulierten Wissenschaftler die anregenden Elektrosignale und konnten damit ein einsames Weibchen in einem Aquarium zur Eiablage bewegen.

Am Boden wohnende Elektrofische zeigen ein völlig anderes Paarungsverhalten. Hier paart sich ein Männchen mit jedem Weibchen, das seine Signale beantwortet. Die Befruchtung ist bei ihnen aber auch erheblich komplizierter als bei den meisten anderen Fischen. Das Weibchen legt nämlich immer nur ein einziges Ei auf einmal, und das Männchen muß dieses Ei sofort befruchten, sonst wird es unwiederbringlich in den Fluß- oder Aquariumboden geschleudert und bleibt dort unbefruchtet. Um dem Partner den günstigsten Moment mitzuteilen, piepst das Weibchen jedesmal kurz beim Austritt der einzelnen Eier.

Auch beim Schwimmen in trübem Wasser ist die Orientierung mittels des elektrischen Feldes nicht ohne gewisse Tücken. Was, wenn zum Beispiel ein anderer Elektrofisch in der Nähe vorbeischwimmt? Dann können sich die beiden Frequenzen leicht überlagern und gegenseitig beeinflussen. »Es ist wie beim Funkverkehr«, sagt Rasnow, »wenn zu viel Rauschen im Kanal ist. Das einzig Vernünftige ist dann, auf eine andere Frequenz umzuschalten.« Die Wissenschaftler, die sich mit den Elektrosignalen von Fischen befassen, haben diese Methode »Störsender-Vermeidungs-Verhalten« genannt (JAR, Jamming Avoidance Response). Zwei sich begegnende elektrische Fische wechseln häufig ihre Frequenzen, und zwar so, daß sich die eigene von der Störfrequenz deutlich entfernt. Dieses Verhalten funktioniert reflexartig, wie der bekannte Kniesehnenreflex beim Menschen, wenn sich nach einem Schlag auf das entspannte Knie unwillkürlich das Bein streckt. Manchmal harmonisieren Elektrofische ihre Frequenzen aber auch aus Gründen, die der Wissenschaft noch unbekannt sind.

Im übrigen verständigen sich Fische nicht selten durch akustische Signale. In den 80er Jahren sorgte eine bestimmte Fischart in Kalifornien für Aufregung. Dort war nach einer erfolgreichen Umweltschutzkampagne das Meerwasser bei Sausalito so weit gesäubert, daß zahlreiche Hausboote wieder gern in die Bucht zurückkehrten. Mit einem Mal aber fanden die Bewohner keinen Schlaf mehr; sie wurden von einem lauten Summen gestört, das offenbar

Der schwachelektrische Knochenfisch

aus dem Wasser kam. Die einen gaben einer unterseeischen Starkstromleitung die Schuld daran, die anderen meinten, die Kläranlage hätte nachts heimlich ihre Pumpen angeschaltet. Die wahre Ursache jedoch war das saubere Wasser:

Die Reinigung der Bucht hatte nämlich eine perfekte Umwelt für den Krötenfisch geschaffen, einen glitschigen, bizarr geformten Verwandten der Groppen, Knurrhähne und Bootsmannfische. Es stellte sich heraus, daß der paarungswillige Krötenfisch eine Partnerin durch ein Summen anlockt, oft summen sogar mehrere Männchen im Chor, und diese Serenade kann bis zu einer Stunde dauern.

Krötenfische produzieren außerdem noch zwei andere Töne: Sie grunzen und pfeifen. Der Grunzer ist nur zwei Zehntelsekunden lang und dient offenbar dazu, einen Rivalen zu verjagen oder einen zufällig auftauchenden Raubfisch zu erschrecken. Die sogenannte »Schiffspfeife« dauert fast eine Sekunde und soll möglicherweise – wie das Summen – ein Weibchen herbeilocken; vielleicht ist sie aber auch ein individuelles Erkennungssignal. Beim entfernt verwandten zweifarbigen Riffbarsch können die Weibchen

Ein schwachelektrischer Peitschenfischeraal

mehrere Männchen recht gut an ihren Piepsern unterscheiden, und die Männchen erkennen genau, ob ein Ton von einem Nachbarn neben ihnen oder von einem weiter entfernten Artgenossen herkommt. Hauptsächlich benützen Fische solche Töne zur Paarung, daneben aber auch für den Zusammenhalt eines Schwarms. Schallwellen werden unter Wasser bemerkenswert gut weitergeleitet: Wissenschaftler haben beobachtet, daß manche Fische noch auf Tonsignale aus einer Entfernung von etwa 800 Metern antworten.

Fische produzieren derartige Signale auf vielfältige Weise, oft mit Organen, die viel weniger auf diesen Zweck spezialisiert sind als zum Beispiel die Stimmbänder anderer Wirbeltiere.

Der Grunzer wird allem Anschein nach durch Zähneknirschen hervorgebracht, wobei die luftgefüllte Schwimmblase wie ein Verstärker funktioniert. Und besondere Muskeln in oder an der Schwimmblase können diese außerdem wie das Fell einer Trommel in Schwingungen versetzen.

Andrew H. Bass von der Cornell

Ein Bootsmannfisch in seinem Nest

University untersuchte die Schallerzeugung beim Boots-mannfisch (der manchmal »der singende Fisch« genannt wird). An den Wänden der herzförmigen Schwimmblase dieses Fisches sind spezielle Muskelpakete zum Trommeln angebracht.

Die Erwartung des Wissenschaftlers bestätigte sich: Die nicht singenden Weibchen haben entsprechend kleinere Schwimmblasen und geringere Trommelmuskeln. Zu seiner Überraschung jedoch fanden sich auch einige Männchen mit schwächeren, sozusagen weiblichen Schwimmblasen und Muskeln; zudem sahen sie in Gestalt und Körpergröße den Weibchen recht ähnlich. Auch ihre Anatomie und die Zellstruktur ihres Gehirns glich eher der weiblichen Konstitution. Diese Männchen – etwa zehn Prozent in der untersuchten Gruppe – sangen denn auch nicht und bauten keine Nester. Aber trotzdem konnten sie sich paaren und ihre Gene erfolgreich weitergeben.

Diese kleineren Bootsmannfisch-Männchen verfügen über eine Strategie, die man auch bei anderen Fischen und Tieren beobachten kann. Sie sind sogenannte Satelliten- oder »Abstauber«-Männchen. Die meisten ihrer Ge-schlechtsgenossen tun das, was jedes normale Männchen tut: Sie fressen so gut, daß sie zu einer imponierenden, attraktiven Größe heranwachsen, sie kämpfen um ihr Territorium, sie bauen und bewachen ein Nest, und sie grunzen. Die Abstauber-Männchen aber schleichen sich an den Rändern solcher Territorien herum, und wenn der Besit-zer gerade damit beschäftigt ist, nach Feinden Ausschau zu halten oder seine Körperstärke vorzuführen, dann schlüp-fen sie ins Nest hinein und legen still und heimlich ihren Samen ab. Natürlich schaffen sie es selten, sehr viele Eier eines Nestes zu befruchten, aber das machen sie damit wett, daß sie in mehreren Nestern laichen. Eine andere Laich-methode dieser Männchen besteht darin, daß sie ihre

Samenmilch in der Nähe eines Nestes ins umgebende Wasser ablassen und das befruchtende Wasser dann mit ihren Flossen ins Nest fächeln.

Fische hören – oder besser: fühlen – Töne in zweierlei Weise. Einige besitzen kleine Knochen, die das innere Ohr mit der Schwimmblase verbinden, so daß im Endeffekt beides ein großes Hörorgan bildet. Ein äußeres Ohr haben sie nicht, aber ihr inneres Ohr funktioniert ebenso gut wie das Innenohr anderer Wirbeltiere.

Schallwellen im Wasser erkennen Fische aber auch mit ihrem speziellen Organ, der Seitenlinie. Sie ähnelt in gewisser Hinsicht dem menschlichen Innenohr. Während dieses aber in der sogenannten Schnecke spiralförmig eingerollt ist, liegt das Organ der Fische in einer gestreckten Linie an einer Seite des Körpers. Die Seitenröhre zieht sich über die gesamte Körperlänge hin und ist bei manchen Arten in Kopfnähe verzweigt. Winzige Poren in der Haut und in den Schuppen verbinden die Röhre mit dem umgebenden Wasser. Genau wie die menschliche Gehörschnecke ist auch das Hörrohr der Fische mit einer Flüssigkeit gefüllt. An seinen Innenwänden stehen winzige Haarbüschel. Trifft nun eine Druckwelle auf die Poren, so versetzt sie die Flüssigkeit in der Röhre in Schwingungen, und diese verändern ihrerseits die Stellung der feinen Härchen in der Röhrenwand; dadurch wird ein Nervenimpuls ausgelöst, der zum Gehirn wandert. Mit der Schwimmblase erkennen Fische nicht, aus welcher Richtung ein Ton kommt. Einen durch die Seitenlinie aufgenommenen Ton können sie jedoch gut lokalisieren.

Kapitel 6: Frösche

Das Chorkonzert beginnt in einem verlandenden Tümpel zur Zeit der Abenddämmerung. Erst quakt nur ein Frosch, noch ein wenig schüchtern. Dann antwortet ihm ein zweiter, ein dritter. Bald erzittert die Luft über dem Wasser von den vieldutzendfachen Stimmen der Frösche. Jeder von ihnen verkündet allen Interessentinnen seine Abstammung, seine Verfügbarkeit und welche Qualifikationen ihn zu einem ausgezeichneten Vater machen. Zwei Gruppen derselben Art, wenn sie etwa durch eine Autobahn voneinander getrennt sind, können dabei sogar eigene Dialekte entwickeln, kleine Unterschiede in ihren Quaktönen. Bei fast allen Arten sind es die Männchen, die sich auf diese Weise hören lassen, aber die weibliche Geburtshelferkröte quakt jedes Männchen nieder. Ein überraschendes Geräusch von außen bringt alle Quaker mit einem Schlag zum Schweigen. Kurz danach fängt eine Einzelstimme von neuem an, und die übrigen schließen sich wieder an, einer nach dem anderen.

Die Lautstärke eines Teiches voll quakender Frösche kann bis in ohrenbetäubende Höhen steigen, eine Leistung, die man den kleinen Körpern eigentlich nicht zutrauen würde. Ein Luftsack am Unterkiefer befähigt den Frosch zu zwei erstaunlichen Kunststücken. Erstens funktioniert der aufgeblasene Luftsack als Resonanzboden, wie der Hohlraum im Körper einer Geige. Und zweitens kann der Frosch damit selbst unter Wasser ununterbrochen quaken, indem er abwechselnd Luft aus

Der voll geblähte Luftsack, mit dem der Frosch erstaunlich laute Töne hervorruft

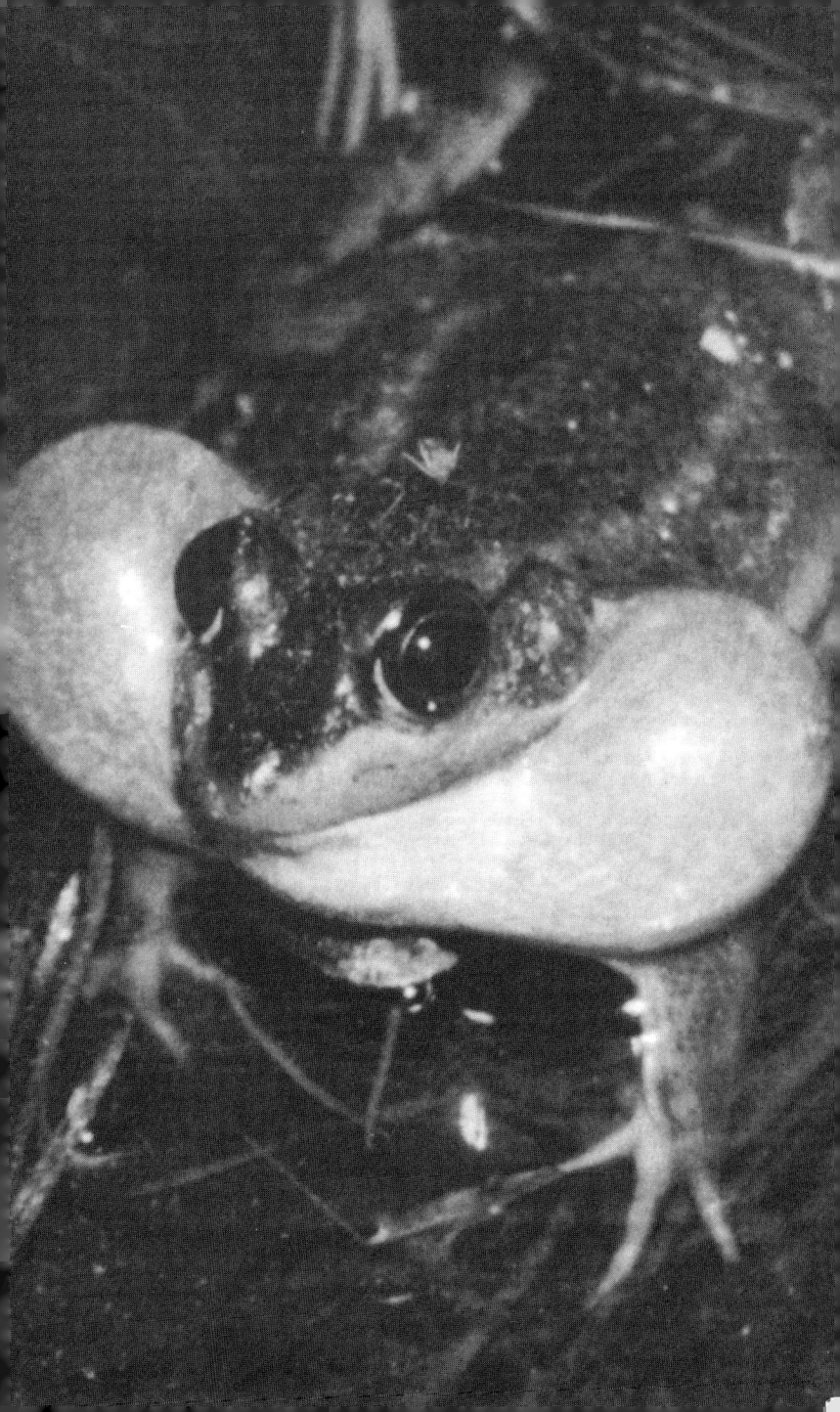

den Lungen in diese Blase und dann wieder zurück in die Lungen preßt. Die geräuschvollsten Frösche trifft man in Teichen, die nur vorübergehend Wasser führen. Denn ist gerade mal Wasser vorhanden, so müssen sie sich mit der Fortpflanzung beeilen. Sie können ihre Eier nämlich nur im Wasser ablegen, und den kleinen Kaulquappen müssen richtige Beine wachsen, bevor der Teich wieder trockenfällt.

An Quaklautstärke lassen sich tropische Frösche, die das ganze Jahr über tönen, von niemandem übertreffen. Der tropische Regenwald, vielleicht das reichste Ökosystem dieser Erde, und seine Sümpfe bieten vielen Froscharten eine ideale Umwelt. Ein bestimmtes Männchen hat es da nicht leicht, statt einer falschen die gewünschte Partnerin seiner Art zu finden. Also entwickeln die Werber spezielle Signale, die sich vom Dauerlärm des Regenwaldes hörbar unterscheiden.

Der männliche *Leptodactylus ocellatus*, ein südamerikanischer Pfeilfrosch, quakt deshalb Töne zwischen 250 und 500 Hertz (das umfaßt etwa die Oktave vom eingestrichenen bis zum zweigestrichenen C). Gegen die benachbarte Froschart jedoch hat er keine Chance, weil deren Gequake sich mit seinem Frequenzbereich überschneidet und zudem um 40 Dezibel lauter tönt (das ist der Unterschied zwischen Zimmerlautstärke und dem Lärm einer Fabrikhalle). Der *Leptodactylus* hat jedoch eine Methode entwickelt, dieses Handicap aus der Welt zu schaffen: Er quakt unter Wasser. Bekanntlich ist Wasser ein guter Leiter für Schallwellen, die zudem die Wasseroberfläche nicht durchstoßen, also nicht an die Luft gelangen.

Der Frosch kann also bei seinem Gesang die ihm vertraute Oktave beibehalten und vermeidet gleichzeitig jeden Sängerwettstreit. Man trifft so etwas immer wieder an: In einem artenreichen Lebensraum unterteilen die verschiedenen Arten die Umwelt in immer kleinere Nischen, und

Ein Augenfleck-
Pfeilfrosch
oder
Augenpfeiffer

jede entwickelt auf ihrem Gebiet eine spezielle Meister-
schaft.

Unterwassertöne sind ein Extremfall bei der Verteilung
der Frequenzbereiche. Die meisten Frösche machen ihr Quaken dadurch unterscheidbar, daß sie die Höhe oder die
typische Reihenfolge der Töne verändern. Aber selbst
wenn ein Weibchen den Gesang eines Wunschpartners
richtig identifiziert hat, muß sie immer noch wissen, aus
welcher Richtung er quakt. Und damit hat sie ein Problem.

Menschen und andere Säugetiere können die Herkunftsrichtung eines Geräusches leicht dadurch bestimmen, daß
in ihrem Gehirn kleine Unterschiede in Lautstärke und
Ankunftszeit des Tones in jedem der beiden Ohren festgestellt werden. Damit dieses System aber einwandfrei funktioniert, muß die Wellenlänge des Tones beträchtlich kleiner sein als der Abstand zwischen den Ohren. Je größer die
Wellenlänge (das heißt auch: je niedriger die Frequenz und je
tiefer der Ton), um so schwerer die Bestimmung, woher
der Ton kommt. Der Wellenberg einer Tonschwingung
braucht am näheren Ohr nur den Bruchteil einer Sekunde
früher anzukommen als am ferneren Ohr. Relativ später
trifft dann der nächste Wellenberg ein. Aus diesem Grund
kommen manche Stereoanlagen mit einem einzigen Tief-
tonlaut- oder Baßsprecher aus, den man irgendwo im

Zwei Amerikanische Kröten in ihrer typischen Paarungsumarmung

Raum aufstellen kann. Die hochfrequenten Diskanttöne aber brauchen ebenso wie die mittleren Frequenzbereiche getrennte Lautsprecher, die auch noch ausgetüftelte Stellungen verlangen, damit die räumliche Illusion eines Konzertsaals erreicht wird.

Menschen können Töne nur bis zu einer Frequenz von höchstens 20 000 Hertz hören, der höchste Ton auf einem Klavier hat sogar lediglich 4000 Hertz. Viele Säugetiere aber hören problemlos sehr hohe Tonschwingungen bis zu 60 000 Hertz. Diese hochfrequenten Schallwellen sind erheblich kürzer als die Kopfbreite selbst der kleinsten Tiere. Der Hörbereich der Frösche ist nun nicht besonders groß; bei 10 000 Hertz ist er schon zu Ende. Bei diesen relativ langwelligen Tönen ist der Abstand zwischen den Froschohren zu klein, um damit noch die Herkunftsrichtung bestimmen zu können. Was tun die Weibchen also, um zu wissen, wo ihr Partner steckt? Die Wissenschaftler, die den *Eleutherodactylus coqui* untersucht haben, einen Frosch aus

Puerto Rico, haben vielleicht einen richtigen Hinweis gefunden.

Ein mögliches Lokalisierungsverfahren der Frösche besteht darin, daß sie einen Ton zweimal im selben Ohr hören können. Auf Grund ihrer speziellen Kopfanatomie kann nämlich eine Schallwelle von einem, zum Beispiel dem linken Mittelohr durch die Eustachische Röhre wandern, dann durch die Mundhöhle die Eustachische Röhre des rechten Ohres hinauf und dann dort ins Mittelohr. Dadurch ist es möglich, daß ein und derselbe Ton in einem Froschohr zweimal wahrgenommen wird: Das erste Mal, wenn der Ton von außen auf das Trommelfell trifft, das zweite Mal von innen über die Eustachische Röhre des anderen Ohres und die Mundhöhle. Die beiden Schallwellen kommen auf dem Trommelfell wahrscheinlich nicht gleichzeitig an, und außerdem weisen sie leicht unterschiedliche Spitzen und Dellen auf; beides liefert dem Froschgehirn Indizien dafür, woher der Ton kam. Säugetiere sind dazu nicht fähig, weil bei ihnen die Mundhöhle und der Gehörgang anders gebaut sind.

Die Froschforscher haben auch die Schwingungen im Körper des Tieres mit Laserstrahlen aufgezeichnet. Dabei entdeckten sie, daß bei einigen Arten eine bestimmte Stelle über den Lungen zusammen mit dem Trommelfell zu vibrieren beginnt. Ihrer Meinung nach funktioniert die Körperhaut hier wie ein zusätzliches Trommelfell und ermöglicht der Schallwelle einen weiteren Weg zum Ohr: von der Lunge über die Mundhöhle und die Eustachische Röhre ins Mittelohr. Auch dieses Präzisionsinstrument erhöht vermutlich die Chancen einer Froschfrau, ihren Prinzen zu finden.

Sie steuert also die Richtung an, aus der die schöne Stimme an ihr feines Ohr dringt. Aber wenn ihr das Männchen schließlich unter die Augen kommt, erlebt sie viel-

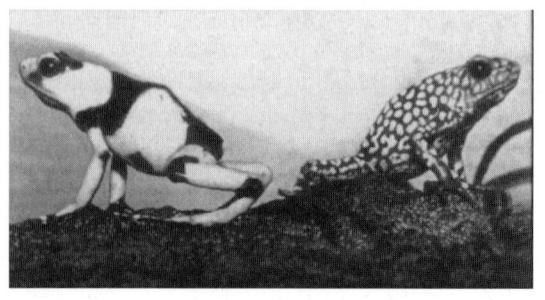

leicht so etwas wie einen Reinfall. Manche Froschmänn-
chen nämlich quaken überhaupt nicht, sondern setzen sich
stumm und heimlich in das Revier eines stimmgewaltigen
Konkurrenten – in der Hoffnung, das herbeigelockte
Weibchen vor diesem abzufangen. Für das Weibchen sieht
es so aus, als hätte es den herrlich Quakenden und sein Revier gefunden. Diese sogenannten Satelliten-Männchen kommen vielleicht nicht sehr oft zur Paarung; aber obwohl sie
in jedem Sängerwettstreit durchfallen würden, haben sie
mit dieser List eine reelle Chance, ihre Gene der nächsten
Generation weiterzugeben.

Solche Satelliten-Paarungen nützen einem Männchen,
das den weiblichen Erwartungen nicht entspricht. Verfügen
aber auch die Weibchen über eine ähnlich kluge Strategie?
Mac. F. Given, Biologe am Neumann College in Aston
(Pennsylvania), fand heraus, daß die weiblichen Augenfleck-Pfeilfrösche auch selbst quaken, und er vermutet, daß
sie ihre Eigentöne dazu benützen, die männlichen Antworten vor der Paarung zu überprüfen. Das Männchen der
Augenfleck-Pfeilfrösche singt immer wieder
eine kurze Melodie von bis zu zehn Tönen,
um damit sowohl sein Revier als auch seine
Paarungsbereitschaft zu signalisieren. Sein lau-

tes Rufen und die damit einhergehende Verteidigung des Reviers kann oft drei Monate lang dauern. Manchmal antwortet ein Rivale dem Revierbesitzer mit einem Quieken auf nur einer Note. Given nennt es den Angriffsschrei, denn der Revierinhaber antwortet darauf mit einer Serie kämpferischer Gegentöne, bevor er den Eindringling am Ende körperlich attackiert. Der gibt meistens nach, wozu er einen bestimmten »Laß mich los!«-Ton ausstößt. Dann platscht er weiter.

Das Weibchen dieser Froschart antwortet auf den Gesang des Männchens ganz genau wie ein rivalisierendes Männchen und löst beim Partner damit dasselbe Kampfverhalten aus. Nur mit einem Unterschied: Sie ruft ihm kein »Laß mich los!« zu. So wird aus dem »Ringkampf« eine heftige Umarmung; der Partner klammert sich an ihrem Rücken fest, und zwar in der günstigsten Stellung zur Befruchtung der Eier, die sie nun ablegt. Given hat sich gefragt, wo bei dieser Strategie der Vorteil für das Weibchen liegt, da es durch sein Rufen leicht auch ein Raubtier auf sich aufmerksam machen könnte. Er vermutet, daß das Weibchen damit den Erfolg etwaiger Satelliten-Männchen vereitelt. Denn ein solcher Betrüger wagt es verständlicherweise nicht, den Ruf des Weibchens zu erwidern, weil er damit einen Angriff durch den Revierinhaber riskiert. Der Austausch von Ruftönen gibt also dem Weibchen die Gewißheit, den Wunschpartner vor sich zu haben und nicht irgendeinen Heiratsschwindler.

Kapitel 7: Vögel

Im Musikunterricht

Zu einem Frühlingsmorgen gehört das vielstimmige Singen der Vögel, der schlichte Dauerton und die ausgefeiltesten Kompositionen, das klagende Pfeifen des Klarino wie der hohe, melodiöse Gesang des Zaunkönigs. Um zu untersuchen, wie die Tiere diese musikalische Vielfalt erlernen, trennen die Wissenschaftler heranwachsende männliche Vögel von den übrigen Männerstimmen derselben Art. In einem schon klassischen Experiment ließ der englische Verhaltensforscher W. H. Thorpe einige europäische Buchfinken in vollständiger Isolierung aufwachsen. Als sie im folgenden Frühjahr erwachsen waren, beherrschten sie mit knapper Not das äußere Gerüst eines Buchfinkenliedes. Im Gegensatz zu ihnen singt ein Buchfink, der die ersten Wochen seines Lebens mit einem männlichen »Gesangslehrer« verbringen konnte, mehrere reich ausgestattete Variationen derselben Grundmelodie. Man kann vermuten, daß er seine ersten selbständigen Versuche mit dem Vorbild vergleicht, an das er sich vom letzten Sommer her zu erinnern vermag.

Kleine Küken in vollständiger Isolierung aufzuziehen, kann jedoch zu einem ausgesprochen schlecht angepaßten Verhalten der Tiere führen, so Meredith J. West von der Universität von North Carolina und auch Andrew P. King von der Duke University in Durham, ebenfalls North Carolina. Um diese Schwierigkeit zu umgehen, steckten sie männliche Jungstare aus North Carolina mit erwachsenen weiblichen Artgenossen aus Texas zusammen und ließen sie miteinander aufwachsen. Zu ihrer Überraschung sangen die großgewordenen Männchen mit einem deutlich texanischen Akzent. Wie hatten es die nicht singenden Weibchen bloß geschafft, den Kleinen so etwas beizubringen?

Erst nach langer Beobachtung von Staren auf freier Wildbahn fanden die beiden Forscher eine Lösung des Rätsels. Die Männchen singen vier bis sieben Variationen über ein einfaches Thema aus zwei kehligen Kollertönen und einem Pfiff. Jedes Männchen hat seine individuelle Anzahl eigener Variationen. Wenn eine davon einem Weibchen gefällt, so teilt sie ihm sozusagen augenzwinkernd ihr Einverständnis mit: Sie öffnet kurz einen Flügel und hält ihn hoch. Dieses Flügelsignal ist das seltene Beispiel eines Zustimmungsverhaltens bei Nicht-Primaten. Es wird, während das Männchen etwa eine Sekunde lang singt, blitzschnell ausgeführt und dauert nicht länger als wenige Tausendstelsekunden. Aber der Star-Mann sieht es und hat verstanden. Er weiß jetzt, was sie gern hört, und konzentriert sein weiteres Singen auf die erfolgreiche Melodie. Die Wissenschaftler ziehen durchaus Parallelen zum menschlichen Lernverhalten. Auch Babys zeigen durch Lächeln und aufmerksame Blicke ihr Gefallen an Äußerungen der Erwachsenen. Diese reagieren mit der Wiederholung der Äußerungen, die das Wohlgefallen des Kleinen so sichtbar ausgelöst haben (zum Beispiel mit beruhigender Baby-Sprache). Werden die Babys größer, dann wandeln sich allmählich ihre Vorlieben. Mit eineinhalb Jahren bevorzugen sie einen eher erwachsen klingenden Ausdrucksstil, und die lernfähigen Eltern richten sich danach.

Die verschiedenen Vogel-»Dialekte«, sagt Michael D. Beecher von der Universität in Washington, haben sicher keine größere Bedeutung als die Dialekte einer menschlichen Sprache. Vermutlich lernen Vögel ihre Lieder wegen der Vorteile, die sie dem Individuum bringen, und diese Vorteile scheinen mit dem Lernen von (also auch dem

Zusammenleben mit) ihren unmittelbaren Nachbarn zusammenzuhängen, nachdem sie das Nest und ihr Heimatgebiet verlassen haben. Wenn einer durch seine unmittelbaren Nachbarn zu singen lernt, so ist die Folge das Entstehen eines Gebietsdialekts. Lieder mit seinen Nachbarn abzustimmen ist wohl auch für die Sozialstruktur einer Vogelart von entscheidender Bedeutung.

Männliche Singvögel, wie die meisten anderen »sprechenden« Tiere auch, lassen zwei in ihrer Bedeutung zusammenhängende Signale hören: das eine dient der Mitteilung der Paarungsreife an die Weibchen, und das andere ist eine Reviermarkierung durch weithin hörbare »Betreten-verboten!«-Hinweise. Singammern singen acht oder neun verschiedene Lieder. Und sie sind nicht die einzigen derartigen Könner. Etwa 70 Prozent aller Singvogelarten beherrschen mehr als einen Liedtyp. Wie sich dieser Vielklang durch die Evolution erklären läßt, ist unter Vogelforschern ein Thema lebhafter Debatten. Viele Wissenschaftler halten die Lieder untereinander für austauschbar. Beecher jedoch erkennt in der Vielfalt eine komplexere Verständigung. Ein junger Vogelmann hat die Gesangsstücke in seinem Repertoire von drei oder vier älteren Männchen erlernt. Wenn er nun sein eigenes Revier absteckt und verteidigt, so ist er imstande, auf die Lieder seiner Nachbarn – seiner früheren Lehrer und Klassenkameraden – zu antworten, weil alle dieselben Variationen beherrschen.

Sobald eine männliche Singammer einen Nachbarn in zu großer Nähe oder gar innerhalb seines Reviers singen hört, stehen ihm zur Verteidigung seiner Gebietsansprüche mehrere Strategien zur Verfügung. Er könnte zum Beispiel das gleiche Lied zurücksingen oder ihm auch mit einer anderen Variation antworten, die sie beide kennen. Die von Beecher untersuchten Singammern haben meist 40 Prozent ihrer Liedtypen gemeinsam, und daß sie überhaupt keine gemeinsamen Lieder kennen, ist selten. Der Wissenschaftler spielte mehrere auf Tonband aufgenommene Lieder einigen revierverteidigenden Singammern vor. Wenn sie den Gesang eines Nachbarn hörten, antworteten sie darauf zumeist mit einem gemeinsamen Lied und nicht mit der Wiederholung des eben Gehörten. Spielte man ihnen aber ein Lied vor, so wählten sie als Antwort selten ein Lied aus dem gemeinsamen Bestand, vielmehr sangen sie nach, was sie gehört hatten. Beecher nimmt deshalb an, daß ein Lied aus dem gemeinsamen Repertoire als Hilfsmittel zur Erhaltung des Status quo benützt wird. Es ist gleichsam eine milde, nicht sehr intensive Antwort, eher ein strenger Blick als ein akustischer Hinauswurf. Das imitierende Nachsingen aber ist eine sehr direkte Aufforderung, die sich leicht zu einer energischen, flügelschlagenden Jagd steigern kann.

Die meisten Vögel, zum Beispiel auch die erwähnten Buchfinken, nehmen ihre Gesangsstunden in einer entscheidenden Phase ihres Heranwachsens: Buchfinken lernen zu singen, bevor sie geschlechtsreif werden. Die Dachsammern im Westen der USA erwerben ihre Sängerfertigkeiten im ersten Sommer ihres Lebens. Danach lernen sie keine Lieder mehr. Auch Menschen lernen eine Fremdsprache am besten, wenn sie sehr jung sind. Eine erst im Erwachsenenalter erlernte Sprache verrät sich fast immer durch einen deutlichen Muttersprachenakzent. Eine weitere Parallele liegt im genetischen Anteil des Erlernens von Kommunikation verborgen. Versuche mit Singvögeln haben ergeben, daß sie ohne weiteres Variationen ihrer artspezifischen Lieder lernen können – sogar Variationen, die sie noch nie in der Natur gehört haben, etwa den Austausch der ersten mit der zweiten Hälfte eines Liedes. Was sie nicht lernen können, sind die Lieder einer anderen Art (abgesehen von den Spezialisten, die die Imitation anderer Arten beherrschen). Uns Menschen geht es ähnlich: Wir scheinen genetisch darauf programmiert, eine menschliche Sprache zu lernen. Wir saugen sie auf wie ein Schwamm. Andere Umgebungsgeräusche zu imitieren lernen wir jedoch nicht, selbst wenn wir von jeder Menschensprache isoliert aufwachsen würden.

Hof- und Dschungelhühner

Betrachten wir einmal den Unterschied zwischen den beiden Warnrufen »He!« und »Duck' dich!«. Der erste wird den Hörer dazu bewegen, sich umzudrehen und, ohne daß er es ahnt, der drohenden Gefahr geradewegs in die Arme zu laufen. Der zweite stellt nicht nur einen Alarmruf dar, er vermittelt darüber hinaus eine Information. Jahrelang hat die Wissenschaft alle Alarmrufe von Tieren für so bedeutungsleer gehalten wie den unartikulierten Schrei eines Menschen. Eine genauere Beobachtung bei Feldstudien hatte jedoch neue, gänzlich andere Einsichten zur Folge. Sogar das nicht sehr intelligente Zwerghuhn auf einem Bauernhof verfügt über ein kleines Wörterbuch unterschiedlicher Warnsignale. Wenn es ein Wiesel erblickt, das gerade in den Hof eindringt, läßt es ein sehr hohes »kuk kuk kuk« hören; wenn es dagegen einen Adler über seinem Kopf seine Kreise ziehen sieht, stößt es einen einzigen, langgezogenen Kreischton aus.

Um ein bestimmtes Verhalten als gewollte Kommunikation bezeichnen zu können, verlangen Wissenschaftler gewöhnlich irgendein Anzeichen, daß das »Sprecher«-Tier die Kommunikation auch tatsächlich beabsichtigt. Sodann suchen sie nach einer Antwort des »Hörers«. Die Warnschreie des Zwerghuhns erfüllen beide Anforderungen.

Zwerghühner warnen andere Vögel vor Raubtieren auffallend seltener, wenn keine weiteren Zwerghühner da sind und zuhören. Man hat dieses Phänomen den »Publikumseffekt« genannt; offenbar zeigt es an, daß das Zwerghuhn erkennen kann, ob der Warnschrei für irgend jemanden von Nutzen ist oder nicht. Wäre der Schrei nur die emotionale Äußerung von Angst, würde das Huhn unter allen Umständen kreischen, ebenso wie ein Mensch bei einem ihn erschreckenden Anblick aufschreit, ganz unabhängig davon, ob ein Zuhörer in der Nähe ist oder nicht. Im übrigen lösen die genannten zwei Warnrufe – die Gluckser-Serie bei einem Bodenraubtier und der lange Kreischer bei einem fliegenden Feind – zwei unterschiedliche Reaktionen aus. Wenn ein Zwerghuhn das Kuk-kuk-kuk hört, streckt es den Hals nach vorn, sucht das Gelände ab und läuft in die Mitte des Hofs, wo es ein Wiesel, das aus dem Hühnerhaus gekrochen kommt, am ehesten entdecken kann. Hört es dagegen den langen Schrei, so schaut es nach oben und rennt ins nächstbeste Versteck. Zwerghuhnforscher haben es gut: Die Tiere können fernsehen und glauben auch, was sie da sehen. Eine Videoaufnahme von einem Waschbär oder einem Raubfalken löst den jeweils passenden Warnruf aus und dieser die passende Reaktion.

Sowohl das Zwerghuhn, wie auch das birmanische Bankirahuhn, die natürlichen Ahnen unserer Haushühner, verkünden übrigens ebenso vernehmbar, daß sie eine Futterstelle entdeckt haben. Dieser Laut besteht aus einer Reihe tiefer Glucklaute auf einer Note und wird bisweilen der »Lecker!-Lecker!-Ruf« genannt. Er bedeutet aber mehr als nur die Befriedigung über ein gefundenes Fressen. Hähne schreien bei einer derartigen Entdeckung seltener »Lecker!-Lecker!«, außer es ist eine Henne in Sichtweite. Hennen produzieren den Ruf nur dann erheblich öfter, wenn ihre Küken in der Nähe sind. Noch etwas ist dabei erwähnenswert: Dschungelhühner variieren ihren Futterruf entsprechend der Qualität des Entdeckten. Bei einer ungewöhnlich guten Futterquelle, beispielsweise einer saftigen Made, glucken sie öfter und schneller. Hennen reagieren bei einem Futterruf »schlechter Qualität« weniger bereitwillig. Frisch geschlüpfte Küken reagieren auch schon verschieden auf die ausgerufenen Angaben der Güteklassen, aber die Fähigkeit zur Unterscheidung steigert sich zudem noch mit wachsender Erfahrung.

Es kann vorkommen, daß der Hahn auf dem Hof mit lautem Schrei einen Nahrungsfund bekanntgibt, obwohl er überhaupt nichts gefunden hat. Ebenso kann es sein, daß er ein hochqualitatives Fressen anpreist, das in Wirklichkeit gar nicht so lecker ist. Manche Forscher nennen diese Äußerung ein Täuschungsverhalten. Andererseits hat der Schrei nicht nur die Funktion, eine Nahrungsquelle bekanntzugeben; er ist außerdem ein Paarungsschrei, so daß man dem Hahn eigentlich keine betrügerische Werbung vorwerfen kann.

Laubenvögel

Mit dem dunklen Glanz seines Gefieders, den durchdringend blauen Augen und dem gelben Schnabel ist der männliche Seidenlaubenvogel schon eine recht stattliche Erscheinung, und doch reicht sein Federkleid bei weitem nicht heran an die großzügige, phantasievolle Ausstattung seiner nahen Verwandten, der Paradiesvögel. Ganz allgemein beeindrucken Laubenvögel ihre zukünftige Braut nicht durch das Schauspiel eines auffallend bunten Gefieders, sondern durch eine eigene und einzigartige Tätigkeit: Sie bauen Liebesnester, Lauben genannt, und diese Lauben sehen nichts anderem ähnlich, was Tiere sonst bauen. Au-

Ein Laubenvogel

ßerdem dient die Laube dem Männchen als Bühne, auf der es der hingerissenen Partnerin seine unübertrefflichen Tanz- und Singkünste vorführt.

Unter den 18 bekannten Laubenvogelarten findet man 14 solcher Liebesnest-Architekten. Die Gebäude reichen vom einfachen Schauplatz bis zum reich verzierten Palast. Der Zahnlaubenvogel zum Beispiel säubert erst ein Stück Waldboden und bedeckt die Stelle einfach mit handverlesenen, frisch gepflückten Blättern. Jedes Blatt wird mit der helleren Unterseite nach oben hingelegt, wodurch der ganze Teppich auf dem dunklen Waldboden eine glänzend schimmernde Oberfläche erhält. Der Rothaubengärtner dagegen sucht sich einen Platz unter einem jungen Baum und be-

freit den Boden weiträumig und säuberlich von allen Wald-
abfällen. Dann legt er um den Baumstamm herum eine Schicht
fest miteinander verhakter Zweige. Diese Konstruktion
(manchmal auch »Maibaum« genannt) wird später zur Bühne für seinen Werbungstanz. Vorher aber dekoriert er den
Bühnenboden noch mit Moosstücken, Muscheln, Federn
und hellen Blättern. Wenn der Vogel Glück hat, findet er
dazu auch noch farblich passende Knöpfe, metallene Kron-
korken und andere glitzernde Kleinigkeiten. Zum Schluß
überwölbt er den geschmückten Tanzboden mit einer
Kuppel aus Zweigen, die fast einen Meter lang und doppelt
so breit ist. Erst wenn alles fertig ist, beginnt er im Innern der
Kuppel um den »Maibaum« herum mit seinem Tanz.

Der schöne Seidenlaubenvogel, über den von allen Lau-
benvögeln die meisten Beobachtungen vorliegen, baut sich
eine Bühne mittlerer Luxusausstattung. Sie besteht aus
zwei parallelen Zäunen, die wie in die Höhe gedrückte Heu-
haufen aussehen. Der Gang zwischen den Zäunen erwei-
tert sich in Richtung der Mittagssonne (in Australien nach
Norden) zu einem Tanzboden. Diesen bedeckt der Laubenvogel zuerst mit leuchtend gelbem Stroh und schmückt ihn
dann mit kostbaren blauen Papageienfedern, gelben und
blauen Blüten, glänzenden Zikadenflügeln und anderen zufällig gefundenen Glitzerartikeln. Am Rand wird die Bühne mit größeren Gegenständen eingefaßt, zum Beispiel mit
Schneckenhäusern. Zusätzlich legt sich der Laubenvogel in
der Nähe einen Vorrat an weiteren Glanzobjekten an, die er
während des Tanzes gern in den Schnabel nimmt. Mit dem
dunklen Hintergrund des Waldbodens bildet das blaue,
funkelnde Dekor auf dem gelbem Stroh einen auffallenden
Farbkontrast. Der Effekt wird noch dadurch erhöht, daß
der Vogel störende Schattenzweige abzwickt und so das
Farbenspiel in hellerem Sonnenlicht zum Leuchten bringt.
Und die ganze leidenschaftliche Mühe dient nur dem

einen Zweck, die Aufmerksamkeit einer Partnerin zu erringen.

Gerald Borgia, Zoologe an der Universität von Maryland, ist ein anerkannter Experte für Laubenvögel. Bei seinen Forschungen geht er auch der Frage nach, wie die Weibchen dieser Art unter den so eifrig bemühten Männchen ihren Wunschpartner auswählen. Sie gehen dabei tatsächlich so vor, daß sie auf einem überschaubaren Territorium mehrere Lauben inspizieren und die Tauglichkeit des Laubenbauers je nach Schönheit und Ausstattung seines Bauwerks beurteilen. Der Wissenschaftler erkannte auch, daß die Konstruktion einer erfolgreichen Laube eine gewisse Erfahrung braucht. So stellen ältere Männchen hübschere, robustere Gebäude auf; sie sammeln auch einen umfangreicheren Schatz an blauen Schmuckstücken, am liebsten blaue Federn (übrigens: Sie singen auch noch erheblich verfeinerte Werbungslieder). Das Zusammensuchen blauer Federn ist keine leichte Sache, weil sie außerordentlich selten sind. Die meisten Vögel klauen sie deshalb aus anderen Lauben. So ein Räubervogel demoliert auch kurzerhand das ganze Rivalengebäude, aus dem er gerade die wertvollsten Stücke entwendet. Es sieht ganz so aus, als koste es mehr Geschicklichkeit und Energie, eine Laube zu bewachen und zu pflegen, als sie zu bauen.

Gerald Borgia veränderte bei seinen Forschungen systematisch die Umwelt der Vögel und zeichnete ihr Verhalten auf Video auf. Er entfernte zum Beispiel einige Zierstücke aus den Lauben besonders erfolgreicher Männchen. Das hatte zur Folge, daß diese Männchen den möglichen Partnerinnen deutlich nicht mehr so attraktiv erschienen. In einem anderen Experiment verteilte er blaue Federn in der Umgebung. Nach kurzer Zeit landeten die begehrten Schmuckstücke in den Lauben der erfolgreichsten Männchen.

Die älteren und erfahreneren der männlichen Seidenlaubenvögel schaffen es, sich in einer Saison mit bis zu 33 Weibchen zu paaren (die weniger erfolgreichen gehen dabei oft völlig leer aus). Das Weibchen begnügt sich ihrerseits mit einer einzigen Paarung, setzt sich in einem nahen Baum in ihr Nest und brütet allein ihre Eier aus.

Alex kann sprechen

Sobald der erste unserer Ururahnen die Fähigkeit zu staunen entwickelt hatte, lauschte er sicher mit faszinierter Aufmerksamkeit dem Gesang der Vögel. In einer noch früheren Zeit lohnte es sich aus anderen Gründen, auf ein Vogellied zu horchen und es richtig zu verstehen, denn das zahlte sich unmittelbar in Form von Lebensmitteln aus: Der Vogel selbst war eßbar, aber auch seine Eier und, warum nicht, sogar seine Nahrung. Erst später wurde das Vogellied zu einer natürlichen Kunstform, die wir noch heute gern genießen.

Aber nichts hören Menschen so gern wie den Klang ihrer eigenen Sprache. Schon Aristoteles wußte, daß Papageien nachsprechen können, was man ihnen vorsagt. Einige Arten scheinen sogar regelrechte Konversationsgenies zu sein; sie sagen »Guten Tag!« oder »Lora will Keks!«.

Aber bedeutet solche Nachahmung auch, daß sie verstehen, was sie sagen?

Irene Pepperberg stellte sich 1977 an der Universität von Arizona die Frage, ob die Fähigkeit der Papageien, menschliche Sprache zu imitieren, als Methode benützt werden kann, herauszufinden, was sie uns zu sagen haben. Sie wählte den unbestrittenen Weltmeister aller sprechenden Arten, den afrikanischen Graupapagei, im vorliegenden

Fall ein besonders schlaues Individuum namens Alex. Alex kennt mehr als 100 Wörter auswendig, darunter die Bezeichnungen von 90 verschiedenen Gegenständen.

Pepperberg erkannte bald, daß Alex noch viel mehr beherrscht als sein erstaunliches Wörterbuch. Er kann zum Beispiel Fragen beantworten. Wenn sie einen grünen Schlüssel hochhält und ihn fragt »Was ist das?«, antwortet Alex »Grün Schlüssel«. (Alex antwortete selbstverständlich in englischer Sprache auf die ebenfalls englisch gestellte Frage, was ihm die Antwort etwas erleichtert, da er bei »green key« nicht zusätzlich, wie im Deutschen, auf die korrekte Adjektivendung achten muß.)

Dann hält Pepperberg ihm ein fünfeckiges, blaues Holzstück hin und fragt: »Welche Farbe?«, worauf Alex antwortet »Blau Holz«. Fragt sie ihn jedoch »Welche Form?«, lautet die Antwort »Fünf-Ecken-Holz« (offensichtlich übersteigt ein Begriff wie »Fünfeck« oder gar »pentagonal« Alexens Fähigkeiten).

Der schlaue Papagei kann nach Aufforderung sogar einen roten Schlüssel aus einer Menge von Gegenständen herauspicken, von denen einige rot sind, aber keine Schlüssel, andere Gegenstände sind Schlüssel, aber nicht rot.

Man weiß, daß Vögel recht gut zählen können. Manche Wissenschaftler sind überzeugt, daß etwa Krähen nicht nur die Anzahl, sondern auch den Rhythmus der Krächzer, die sie hören, mitzählen, um die ihnen vertrauten Artgenossen zu identifizieren. Pepperberg allerdings vergleicht diese Fähigkeit der Tiere eher mit unserem menschlichen Musikverständnis; wir zählen nicht die einzelnen Töne nacheinander durch, sondern merken uns eine Melodie als Ganzes. Bei den Singvögeln ist der Zeitfaktor eine entscheidende Komponente des Gesangs, mit anderen Worten: Es kommt nicht nur auf die Anzahl, sondern ebenso auf die Dauer und die Abfolge der Töne an.

In einem Zähl-Experiment suchte sich Pepperberg nun eine (für uns Menschen) bizarre Kollektion von Dingen zusammen, darunter hölzerne Zungenspatel, Bindfadenspulen und Becher aus Metall, Pappe und Plastik. Jeder Gegenstand hatte eine klar definierte Farbe (rosa, grün, violett, blau, gelb, orange oder grau).

Sodann stellten Pepperberg und ihre Assistenten Alex Fragen von der Art »Wie viele blaue Tassen?« oder »Wie viele orange Schlüssel?«. Für jede Frage wurde die Anordnung der Gegenstände anders arrangiert.

Die zutreffenden Antworten, die Alex nach dem Abzählen geben konnte, begannen bei einem Objekt und steigerten sich bis zu sechs Objekten. Alex machte seine Sache gut: Über 83 Prozent seiner Antworten waren richtig. Und die Fehlerrate war unabhängig davon, wie viele Objekte er zu zählen hatte.

Pepperbergs Schlußfolgerung: Entweder kann Alex erheblich besser als wir Menschen die erfragten Objekte auf einmal visuell erfassen, ohne sie einzeln durchzuzählen, oder aber – was wahrscheinlicher ist – er zählt genauso wie wir. Pepperberg zieht einige vorsichtige Parallelen zwischen dem Zählenlernen des Papageis und der Art und Weise, wie Kleinkinder lernen.

Diese sprechen oft mit sich selbst, sowohl in Gegenwart Erwachsener oder anderer Kinder, aber auch, wenn sie allein sind, wobei sie diejenigen Wörter einüben, die sie kurz vorher gehört haben.

Auch Alex macht sich selbst solche Sprechübungen, wenn er alleingelassen wird. Jeden Abend, nachdem die Wissenschaftler seinen Raum verlassen hatten, zeichnete Pepperberg die Monologe des Papageis auf. Dabei übte er die Wörter, die ihm seine Trainer tagsüber beizubringen versucht hatten, darunter auch solche, die er bislang noch nie ausgesprochen hatte. Derartige Soloübungen veranstaltete er oft, bevor er das dann Gelernte in den Antworten an die Trainer produzierte.

Er machte sozusagen brav seine Hausaufgaben und fügte erst danach das Gelernte dem festen Bestand seines Vokabulars hinzu.

Kapitel 8: Wale

Delphine

In der Kunst der Töne, einschließlich der Nachahmung menschlicher Sprache, sind die Vögel die Weltmeister aller Tierklassen. Auf einen ehrenwerten zweiten Platz jedoch kommen, vielleicht überraschend, die Meeressäugetiere. Manche Robben zum Beispiel haben gelernt, ganze Wörter zu bellen (wenn auch nur mit Mühe verständlich), und die großen Wale singen die langen, verschlungenen Melodien nach, die ihnen andere Wale vorsingen. Aber die bekanntesten Stimmkünstler im Meer sind die Delphine.

Diese Säugetiere verständigen sich miteinander durch viele verschiedene Töne, angefangen beim wiederholten Schnalzen oder Klicken, das sie zur Echopeilung verwenden (und möglicherweise auch als Kommunikationsmittel) bis zum Pfeifen und einem kehligen Brummen. In Gefangenschaft ahmen sie einige Wörter der Menschen nach. Ihre erstaunlichste Eigenschaft ist jedoch die Echopeilung. Ein Delphin findet auch mit verbundenen Augen einen Gegenstand von der Größe eines Pfennigs auf dem Grund eines Bassins. Er kann überdies kleinste Gegenstände nach ihrer Form und Zusammensetzung unterscheiden.

Kaum weniger staunenswert ist die Verständigung der Delphine untereinander mit Hilfe ihrer Stimme. Die Pfeiftöne, die alle Delphine beherrschen, klingen wie ein hohes Kichern, etwa so: »Hij! Hij!«. Die Ergebnisse gründlicher Untersuchungen seit den 60er Jahren legen nahe, daß jedes Tier einen höchstpersönlichen Erkennungston produziert, den man »Signaturpfiff« genannt hat, und darüber hinaus

»Ich kann mehr
als nur
meinen Namen
sagen!«

zehn bis 25 weitere Pfiffe – das entspricht ziemlich genau der Anzahl der Tiere in einer Delphingruppe. Außerdem müssen sie die Signaturpfiffe aller anderen Delphine in der Gruppe lernen. Beim wiederholten Abhören von etwa hundert Delphinen kamen Wissenschaftler zu dem Schluß, daß ein Tier seinen Signaturpfiff nicht aus einem feststehenden Repertoire heraussucht, sondern ihn für sich allein entwickelt. Mit steigendem Alter verfestigt sich die akustische Unterschrift, sie reift gewissermaßen mit. Im Lauf der Zeit lernen Delphine nicht nur, die verschiedenen Signaturpfiffe zu unterscheiden, sondern auch, jedem einzelnen Pfiff ein bestimmtes Tier ihrer Gruppe zuzuordnen.

Die beiden Verhaltensforscher Peter Tyack (Stanford University, Kalifornien) und Laela Sayigh (University of North Carolina) haben wildlebende Delphine bei Sarasota in Florida beobachtet, die schon in der Vergangenheit jahrzehntelang das Studienobjekt von Randall Wells waren (Chicago Zoological Society). Es handelt sich dabei um eine kleine Gruppe, die immer im gleichen Meeresabschnitt wohnt, so daß Wissenschaftler die Tiere regelmäßig wiedersehen und einzeln an ihren individuellen Markierungen wiedererkennen. Sie können allerdings nicht wissen, welcher freilebende Delphin genau welchen Ton pfeift; deshalb sondern sie kurzzeitig jeden Delphin mit einem Netz von den übrigen ab und nehmen seinen Pfiff auf. Obwohl dieses Verfahren der natürlichen Lebensumwelt nicht vollständig entspricht, hat es gleichwohl verblüffende Erkenntnisse zutage gebracht.

Als erstes bestätigte Sayigh, daß der einzelne Delphin einen identifizierbaren Signaturpfiff hat und daß dieser über einen Zeitraum von mindestens zehn Jahren sich nicht verändert. Sodann fand sie heraus, daß Muttertiere und ihre Jungen in Rufverbindung bleiben, wenn ein Tier im Netz eingeschlossen ist und das andere in der Nähe vorbeischwimmt. Als die Forscherin dann die Pfiffe von Neugeborenen aufzeichnete, hörte sie anfangs nur einen schwachen, schwankenden Ton, der von Mal zu Mal anders klang, fast wie ein Kind, das seine Unterschrift übt. Aber schon im Alter von einem Jahr hatte der kleine Delphin seinen persönlichen Erkennungspfiff entwickelt, der ab diesem Zeitpunkt auch nicht mehr variiert wurde.

Sayigh entdeckte außerdem, daß männliche und weibliche Delphin-Junge ihre Pfiffe auf ganz verschiedene Weise ausbilden. Die Mädchen sozusagen legen sich einen Pfiff zu, der von dem ihrer Mutter völlig verschieden klingt. Nicht so die Brüder: Sie entwickeln aus dem unfesten Baby-Ton allmählich ihren erwachsenen Pfiff, der dem akustischen Vorbild der Mutter sehr ähnlich bleibt. Wenigstens in dieser Population in Florida schwimmen die Mütter zusammen mit ihren neugeborenen Töchtern, ihren eigenen Müttern und anderen Weibchen in einer über längere Zeit beständigen Gruppe. Angenommen, sie alle – Kinder, Mütter, Großmütter und die übrigen – verfügten nicht über individuelle Erkennungspfiffe: Das ergäbe das reinste Chaos, so wie in einer Familie mit zwei gleichen Vornamen sich immer die falsche Person angesprochen fühlt. Da die Söhne, wenn sie erwachsen werden, die Gruppe verlassen, besteht bei ihnen die Verwechslungsgefahr nicht im gleichen Maß.

Allem Anschein nach geschieht die Ausbildung der Unterschriftspfiffe im Lauf eines Lernprozesses. Aber Sayigh will nicht ausschließen, daß der Vorgang auch eine genetische Grundlage hat. Theoretisch wäre das durchaus möglich. Der Erkennungspfiff könnte zum Beispiel im X-Chromosom stecken. Bei einem Mädchen, das zwei X-Chromosomen erbt (eines vom Vater und eines von der Mutter), würde sich dann der Erkennungspfiff von den jeweiligen Elternpfiffen unterscheiden. Bei einem Jungen hingegen, der nur ein einziges X-Chromosom erbt (von der Mutter) würde sein Pfiff dem der Mutter ähneln.

Die Untersuchung von Signaturpfiffen ist nicht unproblematisch. Man kann die Delphine unter Wasser zwar pfeifen hören, aber man weiß nicht, von wem der Pfiff kommt. Auch wenn man die Töne mit Unterwassermikrophonen aufzeichnet und sie gleichzeitig auf Deck mithört, läßt sich die Tonquelle nicht identifizieren. Eine denkbare Lösung des Problems wäre die Isolierung der Delphine; dann wüßte man genau, wer pfeift. Wenn sich aber zwei getrennte Delphine nur noch aus der Ferne, sozusagen mit Unterwasser-Handys unterhalten können (wie es in einem Experiment beobachtet wurde), stellt sich schnell heraus, daß durch die Isolierung ihre soziale Kommunikation ernsthaft beeinträchtigt wird.

Peter Tyack dachte sich deswegen eine andere Lösung aus, um die verläßliche Aufzeichnung mehrerer Delphin-Töne zu erreichen. Seine Erfindung (er nennt sie »Vocalight«) ist ein etwa 12 Zentimeter langes Gerät, das wie eine Kreuzung zwischen einem Modell des Raumschiffes Enterprise und einer Taschenlampe aussieht. Es wird durch einen Saugnapf auf der glatten Haut des Delphins befestigt, und zwar in der Nähe des Luftlochs. Vorne am Gerät ist eine Reihe von Leuchtdioden zu sehen, der hintere Teil enthält die dafür nötigen Elektrobatterien. Im Innern ist außerdem noch ein Mikrophon untergebracht, das die Töne des Delphins aufnimmt. Gleichzeitig reagiert elektronisch die Diodenreihe: Je lauter der Ton, um so mehr Dioden leuchten auf.

Nun konnte das Experiment beginnen. Tyack nahm dazu zwei Delphine, Scotty und Spray, die im Sealand Aquarium in Bewster (Massachusetts) lebten. Einer bekam rote, der andere grüne Dioden. Sobald die Unterwassermikrophone einen Pfiff registrierten, beobachteten Tyack und seine Gehilfen die Farbe und die Anzahl der aufleuchtenden Dioden. Ein mehrspuriges Tonbandgerät zeichnete parallel die Delphinpfiffe und gleichzeitig die Angaben der Beobachter auf.

Dann wurden alle Töne graphisch als Sonogramm dargestellt. Tyack erkannte, daß mehr als drei Viertel aller Pfiffe zu zwei leicht unterscheidbaren Kategorien gehören. Typ 1 steigt in der Tonhöhe erst nach oben, sinkt dann zu einem leiseren und tieferen Pfiff von einer halben Sekunde Dauer ab und steigt am Ende noch einmal ein wenig an. Typ 2 steigt ebenfalls und sinkt allmählich ab, zeigt aber am Ende ein abruptes Ansteigen. Obwohl beide Delphine beide Töne hervorbrachten, stellte Tyack individuelle Unterschiede fest. Der Typ 1 von Spray war nicht identisch mit dem Typ 1 von Scotty, und ihre Typ-2-Pfiffe unterschieden sich noch stärker voneinander. Tyack bemerkte auch eine unterschiedliche Verteilung der beiden Tontypen. Zwei Drittel von Sprays Pfiffen waren vom Typ 1, während bei Scotty fast drei Viertel zum Typ 2 gehörten. Das ließ sich nach Tyacks Überzeugung so interpretieren, daß Typ 1 der Erkennungspfiff von Spray war und Typ 2 der von Scotty. Ab und zu ahmte jeder der beiden den Signaturpfiff des anderen nach, wobei er – so sagt Tyack – den fremden Pfiff wie ein Etikett oder einen Namen benützt.

Die Delphine pfiffen auch einige Variationen über ihre zwei Themen; sie ließen manchmal einen Teil aus, pfiffen schneller oder langsamer, ein wenig höher oder tiefer, oder veränderten die akustische »Gestalt« der Töne (wie man am Sonogramm der Aufzeichnung sehen konnte). Tyack ist überzeugt, daß die Delphine auch derartige Variationen richtig zu erkennen vermögen, ebenso wie andere Töne, die weder zu Typ 1 noch zu Typ 2 passen.

Unglücklicherweise starb Spray und ließ Scotty allein zurück. Zwei Jahre danach besuchte Tyack Scotty wieder, voller Neugier, ob der Delphin immer noch so »sprach« wie früher. Aber Scotty ließ den Lieblingspfiff von Spray nie wieder hören. Auch seine eigenen Pfiffe wurden immer leiser und kürzer. Das schien ein deutliches Argument für die These, daß das Pfeifen der Delphine ihrem sozialen Zusammenhalt dient.

So gesehen besteht das Delphin-Vokabular höchstwahrscheinlich aus mehr als nur zwei Sätzen wie »Hallo, ich bin Spray« und »Hallo, ich heiße Scotty«.

Obwohl also das Signalrepertoire freilebender Delphine über reine Erkennungspfiffe sicher weit hinausgeht, gibt es kaum eine Grundlage dafür, in die quieksenden Stimmen irgendeine Nachahmung menschlicher Laute hineinzulesen, wie es frühe Delphinforscher versucht haben (siehe Kasten auf Seite 114). Auch heute ist es immer noch schwierig, die hochfrequenten Töne spontan und unmittelbar auszuwerten.

Im übrigen haben Delphine, verglichen mit den Fähigkeiten einiger Affenarten, einen entscheidenden Nachteil: Ihre fingerlosen, glatten Flossen machen es ihnen nicht gerade leicht, Verständigungshilfsmittel wie Handgesten oder das Bedienen einer Computertastatur einzusetzen.

Immerhin kann die Wissenschaft beim Sprachverständnis der Delphine einige Fortschritte vorzeigen. Louis M. Herman und seine Kollegen (am Kewalo Basin Marine Mammal Laboratory der Universität von Hawaii in Manoa) haben vier freilebenden Delphinen Kunstsprachen beigebracht. Eine dieser Sprachen besteht aus hochfrequenten »Wörtern«, die ein Computer erzeugt. In einer zweiten Sprache benützt der Trainer Hand- und Armgesten zur Kommunikation. Abgesehen davon, daß diese Sprachen bestimmten Grammatikregeln gehorchen, zeigen sie keinerlei Ähnlichkeit mit einer menschlichen Sprache. Jede der beiden umfaßt etwa 40 Wörter, zum Beispiel die Substantive »Kanal«, »Tor«, »Person« und »Ball«, Verben wie »holen« und »unten« (wobei eine Ortsveränderung dorthin mitgemeint ist) und Ortsangaben wie »Oberfläche«, »Boden«, »rechts« und »links«.

Mit Hilfe dieses Vokabulars geht Herman nun speziellen Fragen nach: Können Delphine Wörter als Hinweise auf konkrete Gegenstände verstehen? Oder auch: Welche Rolle spielt die Reihenfolge der geäußerten Wörter? Die Delphine in diesem Versuch – einer von ihnen hieß Phoenix, ein anderer Akeakamai, kurz Ake – hatten keinen Grammatikunterricht erhalten, sondern alle Regeln nur an Beispielsätzen gelernt. In der Sprache, die Phoenix kann, bedeutet etwa »Phoenix Ake unten« die Aufforderung, Phoenix soll unter Ake schwimmen. Die Zeichensprache, die Ake gelernt hat, enthält die Regel, daß das Verb immer am Satzende steht. Damit sollen simple Wort-für-Wort-Reaktionen vermieden werden. Der Delphin muß also zuerst den vollen Zwei- oder Drei-Wort-Satz in der Gestensprache verstanden haben, bevor er reagiert.

Das verblüffende Ergebnis von Hermans Versuchen:

Die Delphine lernten nicht nur, was jedes einzelne Wort bedeutet, sondern auch, die Wortfolge richtig zu interpretieren. Ake beispielsweise konnte die zwei Sätze »Rechts Reifen links Frisbee holen« und »Links Reifen rechts Frisbee holen« genau unterscheiden. Der erste Satz bedeutet »Bring das Frisbee links von dir zu dem Reifen rechts von dir!«. Der Erfolg dieses Sprachunterrichts, sagt Herman, ist ein Beweis dafür, daß Delphine sowohl die Semantik (die Bedeutung der Wörter) verstehen als auch die Syntax (die Stellungsregeln und Satzmuster) einer Sprache.

Ake kann sogar noch andere als nur die eingeübten Antwortreaktionen produzieren. Sie erfindet in ungewöhnlichen Situationen ihre eigenen logischen Antworten. Wenn der Trainer zum Beispiel »Frisbee Reifen rein« gestikuliert (das heißt, Ake soll den Reifen auf die Wurfscheibe legen), dann tut Ake das normalerweise auch. Nun hat Ake aber auch gelernt, auf zwei paddelförmige Hebel zu drücken, die »ja« bzw. »nein« bedeuten. Wenn weder die Frisbeescheibe noch der Reifen im Becken waren, erwarteten die Trainer, Ake würde nach der genannten Aufforderung wohl das Nein-Paddel drücken. Aber Ake verhielt sich nicht ganz erwartungsgemäß. Waren beide Gegenstände im Bassin verfügbar, legte sie manchmal den zu manipulierenden Reifen auf dem Ja-Paddel ab, eine von ihr allein erfundene Finesse. Fehlte jedoch das Frisbee, so legte Ake den Reifen auf das Nein-Paddel. Fehlte der Reifen, so bewegte Ake nicht etwa das Frisbee (was ja auch nicht verlangt war), sondern drückte das Nein-Paddel, womit sie dem Trainer bedeutete, daß die Aufforderung nicht befolgt werden kann.

Ake reagiert auch auf neue Wortkombinationen richtig und zeigt damit, daß sie die Wörter und ihre Reihenfolge verstanden hat. Aber was fängt sie mit unverständlichen Sätzen an? In diesem Fall richtet sie, wenn es geht, einen

Gegenstand erst einmal so her, daß sie das Verlangte auch tun kann; sie hebt etwa einen Reifen vom Boden auf, um dann hindurchschwimmem zu können. Wenn sie jedoch einen Satz sieht, der Unmögliches von ihr verlangt, zum Beispiel »Person Wasser holen«, tut Ake gar nichts. Sie kann ja schlecht das Wasser zur Person bringen. Eine noch kompliziertere Art unmöglicher Forderungen besteht darin, zu viele Wörter in einen Satz zu pressen, beispielsweise »Person Wasser Reifen holen«. Akes spontane Reaktion darauf ist, das Substantiv »Wasser« einfach zu ignorieren und jetzt den Satz so zu verstehen: »Bring der Person den Reifen!« Sie faßt also das unmögliche Wort »Wasser« als Fehler auf, wie auch wir Menschen ein doppelt geschriebenes Wort als Schreibfehler einordnen. Herman wertet diese nicht im Unterricht gelernten Antworten als Hinweis darauf, daß Delphine über ein inneres Schema der Grammatikregeln ihrer Kunstsprache verfügen. Sie können demnach einem noch nie gehörten oder sogar »unmöglichen« Satz Sinn verleihen, indem sie ihn mit dem Regelschema in ihrem Gedächtnis vergleichen.

Ein Bild, heißt es, sagt mehr als tausend Worte. Aber wie steht es im digitalen Zeitalter mit einem Computerbild, bei dem nur noch jeder zweite Bildpunkt zu sehen ist? Ist das nur noch 500 Wörter wert? Ganz und gar nicht: Wir können ein Bild auch dann noch »lesen«, wenn ein großer Teil seiner Information fehlt, etwa ein Bild der Mona Lisa, das nur aus wenigen bunten Quadraten besteht. Herman fragte sich, ob auch Ake seine Sprache noch versteht, wenn die detaillierte Sichtbarkeit der Gesten vermindert ist. In einem ersten Versuch führte er ihr eine Videoaufnahme des Trainers vor. Ake reagierte darauf fast ebenso gut wie auf die leibhaftige Person. Sodann blendete er auf dem Video den Kopf und den Körper des Trainers aus, so daß nur noch die Arme zu sehen waren; schließlich entfernte er auch noch diese und ersetzte die bewegten Hände durch zwei Lichtkreise. Ake reagierte auf alle diese Varianten der Videovorführung. Lediglich bei der abstrakten Minimalform, den beiden Lichtkreisen, sank die Anzahl der richtigen Antworten ab, blieb aber immer noch über der Quote vorhersagbarer Zufallstreffer. Eine »Vergleichsgruppe« von Studenten, nach vier Monaten Unterricht in der Gestensprache, zeigte bei diesen Experimenten nur etwa ebenso gute Ergebnisse wie der Delphin.

Für Herman steht damit fest: Delphine benützen Wörter einer Kunstsprache, um mit ihnen zeichenhaft auf konkrete Gegenstände zu verweisen, und beherrschen ebenso gut den Regelapparat einer künstlichen Grammatik.

Bartenwale

Außerirdische, die fern von außen die Erde nach Lebensformen abhorchen, würden wahrscheinlich feststellen: »Da gibt es Wale!« Denn die stärkste Stimme auf unserem Planeten gehört dem Blauwal, dem größten Tier, das je auf der Erde gelebt hat. In der Schallenergie dem Startlärm eines Spaceshuttle vergleichbar, durchdringt das Schnauben eines Blauwals ein ganzes Weltmeer und wird von der entfernten Küste noch als Echo zurückgeworfen.

Diese »Ferngespräche« werden jedoch in Infraschall geführt, und sie sind die ersten korrekt beschriebenen tierischen Infraschall-Äußerungen. Andere, nicht-biologische Infraschallquellen gibt es viele, etwa Donnergrollen, Luftturbulenzen, Düsenjets, Vulkane, Erdbeben, auch hohe Wellen und Schiffe auf dem Ozean. In den frühen 50er Jahren kam in der Wissenschaft ein Abfallprodukt des Zweiten Weltkriegs zur Anwendung: elektronische Unterwasser-

Horchgeräte, mit denen die Forscher nun erstmals Infraschallwellen aufzeichnen konnten. Die Apparate registrierten zum Beispiel sekundenlange 20-Hertz-Töne, ungefähr der tiefste Bass, den ein menschliches Ohr gerade noch hören kann. Anfangs wurden die Geräusche sowjetischen U-Booten zugeschrieben, später hielt man sie für die Herzschläge von Walen, bis endlich feststand, daß es die Stimmen von Finnwalen waren.

Finn- und Blauwale gehören im biologischen System zur Ordnung der *Cetacea*. Diese Säugetierordnung umfaßt die Zahnwale, das sind die Orcas und die Pottwale, auch die Delphine, sowie die Bartenwale, zu denen die Finn-, Blau- und Buckelwale gehören. Bartenwale fressen kleine Krebs- und Krustentiere, die sie mit Hilfe horniger Fischbeinplatten (Barten), die frei im Gaumen hängen, aus einem gewaltigen Schluck Meerwasser herausfiltern.

Diese Eßgewohnheit ist nicht der einzige Unterschied zwischen Zahn- und Bartenwalen. Durch ihre Ernährungsweise sind Bartenwale gezwungen, neue Lebensmittel auf Wanderungen über riesige Entfernungen zu suchen. Der Buckelwal zum Beispiel geht zur Paarung in die Gewässer um Hawaii, ernährt sich aber – allerdings nur im Sommer – bei Alaska. Bartenwale weisen sehr unterschiedliche Körpergrößen und Sozialstrukturen auf, und beides hat Einfluß auf ihre jeweiligen Kommunikationsmethoden. Der Blauwal ist nicht nur das größte Tier überhaupt, er wächst auch am schnellsten heran: Seine Jungen werden täglich fast 80 Kilo schwerer und 3,5 Zentimeter länger. Die Mutterbrust nehmen sie nur sechs Monate lang (in dieser Zeit werden sie schon halb so groß wie ein erwachsenes Tier), und schon viereinhalb Jahre später sind sie geschlechtsreif.

Die nur halbjährige Beziehung zwischen Mutter und Kind ist bei den Bartenwalen die längste soziale Bindung

Ein
Buckelwal
beim
Auftauchen

überhaupt. Zwar unternehmen sie ihre Wanderungen, Mahlzeiten und Paarungen innerhalb der Gruppe, aber ihr Zusammenhalt bleibt locker, und eine feste Gruppenstruktur hält oft lediglich ein paar Stunden. Keine der bisher bekannten Bartenwalarten lebt in monogamen Paaren.

Deshalb geht jedesmal ein hitziger Wettstreit los, wenn die Männchen auf mögliche Partnerinnen treffen. Sie preisen sich den Weibchen, wie bei vielen anderen Arten auch, mit der Stimme an. Aber kein anderes Tier tut das so aufwendig wie der Bartenwal. Zum Beispiel die Buckelwale: Sie singen den Weibchen melodienreiche Lieder vor, die bis zu 20 Minuten dauern. Ein solches Lied besteht aus mehreren Teilen und jeder Teil aus vielen Tönen, vom dumpf rollenden Bass bis zum schrillen Diskant hinauf. Das Männchen wiederholt sein Lied immer wieder, Note für Note, und bietet oft ein viele Stunden dauerndes Konzert.

Von den Delphinen weiß man, daß sie sich durch ihre Signaturpfiffe zu erkennen geben und ihre Artgenossen an deren Pfiffen erkennen. Bei den Walen aber wissen die Forscher noch nicht, ob auch sie sich selbst oder einander durch ihre Lieder identifizieren. Die Tiere in ein und derselben Gruppe singen ein einziges Lied, wenn auch mit leichten Variationen. Einerseits liegt der Gedanke nahe, diese Melodie sei genetisch festgelegt, andererseits erfährt sie mit der Zeit deutliche Abwandlungen. Während der gesamten Konzertsaison entwickelt sie sich also zu etwas Neuem, eine Note nach der anderen, so daß der heutige Chorgesang der Gruppe dem vom letzten Jahr kaum noch ähnlich klingt. Die Abwandlung kommt aber nicht dadurch zustande, daß die Gruppe ihre Zusammensetzung vollständig ändert (das immerhin wissen die Forscher, da sie die einzelnen Wale Jahr für Jahr anhand von Markierungen wiedererkennen).

Was bezwecken die Wale aber mit ihren melodiösen Liedern und ihrem Infraschallschnauben? Das kann man nicht mit Sicherheit sagen. Die Lieder scheinen bei der Paarung eine Rolle zu spielen, und die Infraschallrufe erlauben den Walen möglicherweise, auch über große Distanzen in Verbindung zu bleiben. Walforscher schätzen, daß der Finnwal noch aus 4500 Kilometern Entfernung das akustische Signal eines anderen Finnwals hören kann. Infraschallwellen schaffen solch lange Wege unter Wasser deshalb ohne Abschwächung, weil sie nicht nur von der Wasseroberfläche, sondern von der Grenze zwischen Kalt- und Warmwasserschichten als Echo zurückgeworfen werden. Sie breiten sich also nicht nach allen Richtungen hin aus, wie Schallwellen in der Luft, sondern wandern in einem engen Korridor und schwächen sich dadurch auch kaum ab. Außerdem vervierfacht sich im Wasser die Wellenlänge eines Tons, und dieser längerwellige Ton schafft die große Ozeanreise noch leichter.

Die Töne des Delphins - wie macht er das?

Seit Jahrzehnten beschäftigt sich die Forschung mit den Tönen des Delphins, und noch immer weiß man nicht genau, woher sie kommen. Erst neuerdings benützen einige Wissenschaftler die moderne Technik etwa der Computertomographie, um damit die Schallquelle der hochfrequenten Töne herauszufinden, die den Delphinen zur Echopeilung dienen.

An der University of California in Santa Cruz arbeiten ein Biologe und ein Akustiker zusammen an der Konstruktion eines zweidimensionalen Computer-Modells, das einen Delphinschädel darstellt. Gut zu sehen sind dabei auch die hohlen Luftsäcke im Innern des Nasenlochs und das Fettpolster an der Stirn, das man auch »Melone« nennt. Der Physiker James L. Aroyan und der Meeresbiologe Ted W. Cranford haben zusammen mit ihren Kollegen mit diesem Modell in einem Computer einzelne und kombinierte Klicktöne simuliert, die an drei verschiedenen Stellen im Bildschirm-Kopf des Delphinmodells entstehen können.

In diesem Kopf konnten sie die Schallquelle beliebig hin- und herbewegen und dabei die Schallwellen und ihre Ausbreitung um den Kopf herum graphisch aufzeichnen. Die Schädelanatomie allein bündelte die Schallwellen deutlich in zwei Richtungen: nach oben und nach vorn. Wurden nun dem Modell auch die Luftsäcke hinzugefügt, deren äußere, an der Luft liegende Partien wie Schallreflektoren wirken, so verstärkte sich sogar noch die Bündelung der Schallwellen nach vorn. Die Schädelknochen und die Luftsäcke scheinen also für die Töne des Delphins wie ein Schalltrichter zu funktionieren, ähnlich wie der Brennspiegel in einer Taschenlampe, der das Licht der Glühlampe zu einem verdichteten, in eine Richtung zeigenden Strahl

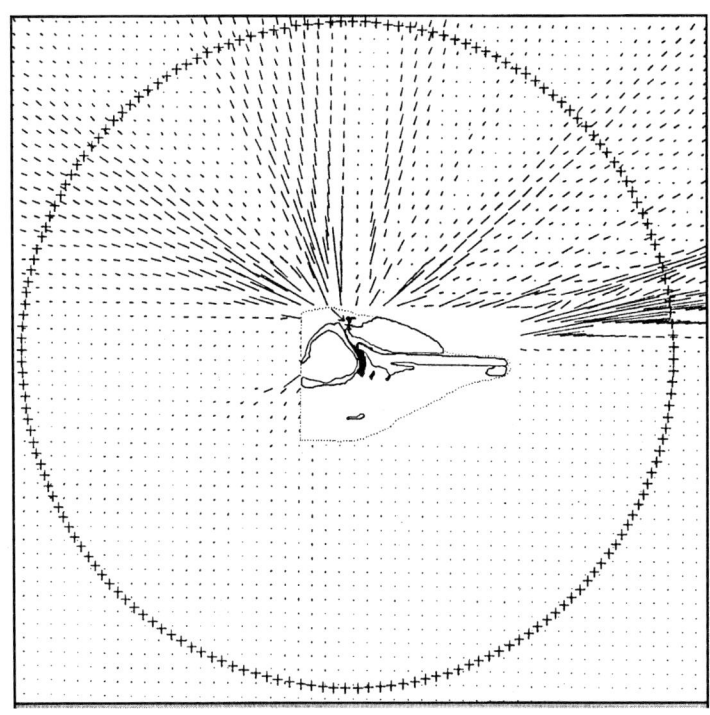

Die Computer-Simulation zeigt, wie im Kopf des Delphins die Töne
gebündelt werden.

zusammenfaßt. Die »Melone« schließlich sorgt zusätzlich
für eine Feineinstellung des Tons und verstärkt sowohl
seine Intensität als auch seine Verbreitungsrichtung vor
allem nach vorn, aber auch nach oben. Dieser Winkel im
Modell stimmte recht gut mit der Schallausbreitung über-
ein, die man bei den Klicktönen lebender Delphine gemessen hatte.

Nun plazierten Aroyan und Cranford die Schallquelle
experimentell an verschiedenen Stellen des Computer-
schädels. Dabei stellte sich heraus, daß die richtige Schall-

John Lilly oder: Wenn die Begeisterung die
Wissenschaft überholt

John Lilly war Arzt und Neurophysiologe und
außerdem fasziniert von Delphinen. In den frühen
60er Jahren untersuchte er ihr Gehirn, weil er unbe-
dingt verstehen wollte, in welchen grauen Zellen
diese hochentwickelten Töne ihren Ausgangspunkt

 hatten. Nach seiner eigenen
Aussage hatte er einmal zufäl-
lig gehört, wie ein Delphin
gewisse Teile einer Unterhaltung, deren Ohrenzeuge
das Tier war, plötzlich nach-
ahmte. Von diesem Moment
ließen ihn die Delphine nicht
mehr los. Sein vorzüglicher
Forschungsgegenstand wurde die Fähigkeit des
Delphins zur Nachahmung menschlicher Sprache. Er
nahm Delphine auf Tonband auf, verlangsamte die
Wiedergabegeschwindigkeit und behauptete, er habe
dabei die deutliche Wiederholung menschlicher Wörter und Sätze gehört.
Aber leider konnten nur wenige andere Zuhörer auf
den Bändern überhaupt etwas verstehen, und das
Wenige, was sie hörten, klang überdies für jeden verschieden.
Lilly war auch tief beeindruckt von der relativen
Größe und der Anatomie des Delphinschädels.
Beides brachte ihn auf eine Idee, die er lebhaft ver-

teidigte: Die Gehirngröße der Delphine, so meinte er, zeige an, daß die Tiere eine mindestens so umfangreiche Sprache haben wie wir Menschen. Er war außerdem überzeugt, es wäre uns möglich, mit Delphinen intellektuell anspruchsvolle und philosophische Diskus-sionen zu führen, wir bräuchten dazu lediglich eine gemeinsame Sprache. Er beschrieb das Dilemma so: Die menschlichen »Kenntnisse hinsichtlich der Intelligenz der Cetacea, ihrer Kombinationsfähig-keiten sowie der Überlebenserfordernisse im Meer sind primitiv und unvollständig«. Gleichzeitig glaubte er aber auch zu wissen, daß »die Cetacea empfindsam, zum Mitleid befähigt, ethisch und philosophisch veranlagt sind und uralte, mündlich weitergegebene Geschichten besitzen, die ihre Jungen lernen müssen«.

Die meisten seiner Wissenschaftskollegen hielten diese Thesen für äußerst unwahrscheinlich und in keinem Fall von den Tatsachen gestützt.

1961 brachte Lilly sein Buch ›Man and Dolphin‹ heraus. Es wurde sofort ein Bestseller und trug erheblich zu der populären Auffassung bei, Delphine seien besonders intelligent und überhaupt könnten Tiere ähnlich wie Menschen sprechen. Lillys Buch hat zweifellos eine notwendige Aufmerksamkeit für die Erhaltung und den Schutz der Delphine geschaffen, aber zu einem hohen Preis: Es setzte auch ein öffentliches Mißverständnis in die Welt. Delphine – in Wahrheit alle Tiere – müssen nicht wie Menschen sein, um unseren Respekt zu verdienen.

quelle höchstwahrscheinlich in dem Teil des Schädels liegt, den die Wissenschaftler die »Affenlippen« nennen: Das sind zwei fingernagelgroße Gewebestrukturen im Innern des Luftlochs. Cranford hatte ihre Funktionsweise beobachtet, indem er ein sogenanntes Endoskop in das Luftloch einführte (so wie der Arzt ein Endoskop in den Magen einführen kann, um damit auf dem Bildschirm die Magenwände zu sehen). Aus diesen Beobachtungen, kombiniert mit der Computertomographie eines aus natürlichen Ursachen verstorbenen Delphins, schloß Cranford auf die Affenlippen als die vermutliche Schallquelle der Klicktöne. Aroyan simulierte daraufhin einige andere Stellen im Kopf als Ausgangspunkt der Töne. Bei ihnen jedoch war der Schall deutlich schlechter gebündelt und nicht so gut nach oben und vorn gerichtet.

Wenn Delphine einen Ton produzieren, dann pressen sie unter Hochdruck Luft durch ihre Nasenpartien durch das Luftloch hinaus. Auf diesem Weg muß die Preßluft zwischen den Affenlippen hindurch, und das Ergebnis ist dasselbe wie bei der Luft, die jemand durch zwei gespannte Grashalme hindurchbläst oder wie bei einem Oboisten und den beiden Rohrblättern im Mundstück seines Instruments. Beim Delphin wird der Schall sodann von den Schädelknochen und den Luftsäcken reflektiert und geht anschließend durch die Melone ins Wasser – ein scharf gebündelter Strahl akustischer Energie.

Kapitel 9: Der Kontrabaß

In der heißen, flirrenden Luft Afrikas scheint die braune Steppe zu tanzen. Grau und struppig stehen ein paar Bäume da, und unter ihren Ästen sucht eine Herde Elefanten kümmerlichen Schatten. Sie grasen in aller Ruhe. Plötzlich heben alle auf einmal ihre Köpfe, klappen ihre Riesenohren nach vorn und marschieren los, als gehorchten sie einem fernen, unhörbaren Signal. Nach etlichen Kilometern mischen sie sich unter eine andere Elefantenherde.

Ein Elefant in der Brunft (was die Inder »Must« nennen), bereit zur Paarung und auf der Suche nach einem Weibchen, geht jedem anderen Männchen aus dem Weg, aber meilenweit geradewegs auf eine paarungswillige Partnerin zu.

Afrikakenner nennen diese Fähigkeit »Elefanten-ASW«, die außersinnliche Wahrnehmung dieses Tieres.

Ein Feldforscher hat die Herdentiere mit Funkpeilgeräten ausgerüstet und untersucht damit die geheimnisvolle Bewegungskoordination zwischen Familien, bestehend aus Elefantenkühen und ihren Jungen. Mehrmals verfolgt er auf diese Weise zwei Gruppen, die sich Stunden und Tage, ja oft wochenlang in gleicher Richtung bewegen, obwohl sie dauernd einige Kilometer voneinander getrennt sind.

Manchmal marschieren sie parallel geradeaus, dann wieder wechseln sie gleichzeitig ihre Marschrichtung, bewegen sich direkt aufeinander zu, und die beiden Familien vereinigen sich. Man könnte auf den Gedanken kommen, die Elefanten schaffen das Kunststück mit ihrem ausgeprägten Geruchssinn. Aber oft treibt der Wind Gerüche in die falsche Richtung, deshalb glauben die Wissenschaftler nicht daran, daß der

Geruchssinn der alleinige Grund für die aufeinander abgestimmten Marschwege sein kann.

Eine andere Szene: In der Etoscha-Pfanne, im nördlichen Nationalpark Namibias, tauchen mehrere Elefantenbullen ihre Rüssel in ein Wasserloch. In der strohtrockenen Atemluft genießen sie die Frische des köstlichen Getränks. Plötzlich schauen zwei von ihnen auf, breiten weit ihre Ohren aus und trotten krachend fast einen Kilometer durchs Unterholz. Und was finden sie dort? Nicht etwa ein brünftiges Weibchen, sondern zwei Biologen und einen Volkswagenbus mit Lautsprechern auf dem Dach. Die Elefanten, wahrscheinlich ein bißchen perplex, marschieren daran vorbei. Die Bioakustikforscher Loki Osborn und Russell A. Charif von der Cornell University schauen ihnen mit Erleichterung nach. Ihre Apparate hatten den vorher aufgezeichneten Brunftschrei eines Weibchens ausgesandt. Aber weder die beiden Forscher noch ihr Team, das auf einem Turm am Wasserloch Videoaufnahmen machte, hatten den leisesten Ton gehört. Der Schrei liegt nämlich unterhalb der menschlichen Hörschwelle, genauer gesagt im Infraschallbereich, dessen Töne die Elefanten mit bemerkenswertem Geschick für ihre Kommunikation benützen.

Andere Elefantenrufe können wir Menschen durchaus hören, von den berühmten schrillen Trompetentönen bis hinunter zu einem leisen Brummen. Aber niemand ahnte etwas von den weitergehenden Tönen der Tiere, bis Katherine B. Payne (ebenfalls von der Cornell University) ein Tonband genauer untersuchte, das sie mit asiatischen Elefanten im Washington Park Zoo in Portland (Oregon) aufgenommen hatte. Erst jetzt erkannte man, daß die bisher gehörten Elefantenstimmen, das Murmeln, Knurren, Rumpeln und Quieken nur die schwachen Obertöne eines viel grös-

Eine Familie
Afrikanischer
Elefanten
am Wasserloch

118

seren Stimmenumfangs sind, dessen tiefe und energiereiche Töne sich ohne Abschwächung kilometerweit durch den Urwald ausbreiten. Die afrikanischen Elefanten besitzen ein ähnliches Kommunikationssystem.

So etwas brauchen sie auch, denn Elefanten, die größten Landtiere, leben in strukturierten Gesellschaften und müssen sich daher miteinander verständigen können. Das tun sie mit allen Sinnen, sie berühren, schmecken, riechen, hören und sehen. Bei einer kleinen Gruppe Elefanten, die zusammen grasen, einem Paar während der Brunftzeit oder auch bei einer Familie aus Mutter und Jungen entfernen sich die Tiere nie sehr weit voneinander. Mit ihren langen Rüsseln vergewissern sie sich des Geruchs ihrer Gruppenmitglieder und nehmen deren Duftspuren am Boden auf, auch wenn sie erhobenen Hauptes marschieren.

Was die frühen Forscher jedoch verblüffte, war das Gehör der Elefanten, mit dem sie sich auch über große Entfernungen hinweg verständigen. Die Gruppenbildung wird eigentlich erst möglich durch den Gehörsinn. Die Kleingruppe aus Eltern und den Kindern beiderlei Geschlechts, passend Familie genannt, stellt die grundlegende Einheit einer Elefantengesellschaft dar. Die Weibchen verbringen ihr Leben in der Familie, so daß eine Familie oft aus drei Generationen und damit jahrzehnte-, wenn nicht jahrhundertelang besteht. Eine solche Familie tut sich oft mit einer zweiten oder bis zu fünf anderen Familien zusammen, vermutlich mit entfernten Verwandten. Diese sogenannten Bindungsgruppen gehören ihrerseits zu größeren Gesellschaften, die Clans heißen.

William Langbauer am Tierpark von Pittsburg und einige seiner Kollegen haben inzwischen mehrere charakteristische Infraschallrufe identifiziert, je nachdem, wann sie auftreten und wie der sie hörende Elefant darauf reagiert. Zum Hervorbringen ihrer extrem niederfrequenten Töne benüt-

Elefanten beim Bad

zen die Elefanten einen Kehlkopf, der größer ist als bei anderen Säugetieren.

Wenn Familienmitglieder nach einer Trennung wieder vereint sind, begrüßen sie sich mit heller Begeisterung. Sie trompeten, sie berühren einander und kreischen mit einer Wiedersehensfreude, die um so größer ist, je länger die Trennung dauerte. Zur Begrüßung gehört auch ein bestimmtes Brummen, das bei tiefen 18 Hertz beginnt, auf 25 Hertz ansteigt (was ein Mensch gerade noch hört) und dann wieder auf 18 Hertz absinkt. Ein Elefant, der mit seiner Familie Verbindung aufnehmen will, benützt dazu den Kontaktruf, einen relativ leisen, tiefen Ton, dessen starker Oberton dem menschlichen Ohr vernehmbar ist. Unmittelbar nach dem Kontaktruf stellt der Elefant die Ohren aus und dreht den Kopf, als ob er auf eine Antwort horchte.

Die Kontaktruf-Antwort kommt auch: Sie ist lauter und abrupter als der Begrüßungsruf und verklingt langsam zum Ende hin. Die Kontaktrufe und ihre Antworten können stundenlang weitergehen, bis der Elefant glücklich wieder bei seiner Familie ist. Am Ende einer Mahlzeit, wenn es Zeit wird zum Weiterziehen, begibt sich ein Familienmitglied an den Rand der Gruppe, hebt typischerweise ein Bein hoch, läßt die Ohren flattern und wiederholt eine Art »Auf-geht's!«-Knurren, woraufhin sich die ganze Familie langsam zum Aufbruch erhebt.

Anders als die überaus geselligen Weibchen, verlassen die Männchen mit etwa 14 Jahren ihre Familie. Sie wandern entweder allein oder in lockeren Gruppen zusammen mit anderen Männchen herum; manchmal schließen sie sich auch vorübergehend einer größeren Familie an. In der Brunftzeit legt das Männchen auf der Suche nach einer willigen Partnerin erstaunliche Entfernungen zurück.

Eine Elefantenkuh ist nur einmal alle vier Jahre empfängnisfähig und dann nur während vier Tagen. Der Wettbewerb ist also entsprechend scharf, und ein Männchen braucht dringend eine Methode, mit der die passende Partnerin auch über große Distanz hinweg gefunden wird. Ein fortpflanzungswilliger Bulle stößt eine ganz bestimmte Serie tiefer Schreie aus, die bereits oben erwähnten »Must-Rufe«. Nach jedem Ruf hält er still und lauscht auf eine Antwort. Falls andere Bullen diesen Ruf hören, halten sie sich lieber fern, weil sie wissen, wie aggressiv und gefährlich der Rufer ist. Etwaige Partnerinnen aber antworten ihm mit dem sogenannten Weibchen-Chor, das heißt, mehrere Weibchen gleichzeitig rufen ihm etwas zu, was so ähnlich klingt wie der Begrüßungsschrei, nur in etwas tieferer Tonlage. Den gleichen Ruf lassen sie auch dann hören, wenn ein Bulle auf ihre Gruppe trifft oder wenn sie den durchdringenden Uringeruch eines brünftigen Bullen aufnehmen. Auf das ferne Antwortsignal hin steuert der Bulle den Weibchen-Chor an in der Hoffnung, dort eine willige Partnerin zu finden. Nach vollzogener Paarung stößt das Weibchen eine Art post-koitale Melodie aus, eine Gruppe von sechs Brummgeräuschen mit starken Obertönen. Diese Tonfolge wird mehrmals wiederholt, manchmal eine halbe Stunde lang.

Die genannten Rufe dienen den Elefanten zur Verständigung auf kurze und mittlere Distanzen. Die Aufzeichnung ihrer Kommunikation über noch größere Entfernungen hinweg stößt auf technische Grenzen, auch bei den mit Funkpeilsendern ausgestatteten Tieren. Trotz dieser Schwierigkeiten (meint Russel A. Charif) können wir sagen, »daß wohl jeder Elefant weiß, wo sich andere Elefanten befinden (und vielleicht auch, was sie tun), selbst wenn er viele Kilometer von ihnen weg ist. Ein Biologe, der das Verhalten einer Elefantengruppe auf freier Wildbahn beobachtet, wird vermutlich eine ganze Menge dieser komplizierten Ferngespräche gar nicht wahrnehmen«.

Nilpferde

Nicht nur Elefanten produzieren Infraschall; viele andere Landsäugetiere können das auch. Aber das Hippopotamus, das Fluß- oder auch Nilpferd, ist unter ihnen sicher das einzige, das in Stereo rufen und hören kann – mit einem Schallkanal in der Luft und dem anderen unter Wasser. Der Ornithologe William Barklow vom Framington State College (Massachusetts) hatte 1987, als er zufällig einen Fluß voller Nilpferde beobachtete, ein unvergeßliches Erlebnis. Normalerweise sind Vögel, speziell Seetaucher, sein Forschungsgebiet, und auf der Reise nach Afrika 1987

Nilpferde im
Luangwa River
in Sambia

war er eigentlich in Urlaub. Aber was er dabei erlebte, sollte seinen Forschungen eine ganz neue Richtung geben. Als er gerade am Flußufer saß, tauchte vor ihm ein Nilpferd aus dem Wasser, starrte ihn eine Weile schweigend an und stieß dann ein so lautes Bellen aus, daß sein Echo noch vom gegenüberliegenden Ufer zurücktönte. Barklow wurde davon buchstäblich durchgeschüttelt, er konnte den Ton im eigenen Körper spüren. Nilpferde erreichen mit ihrer Stimme ohne weiteres 115 Dezibel (das ist fast die Lautstärke eines sehr nahen Donnerschlags).

Noch einige Male hörte Barklow dieses Nilpferdbellen und bemerkte daraufhin ein seltsames Phänomen: Weit entfernte Nilpferde hoben den Kopf aus dem Wasser und bellten zurück. Konnten sie etwa unter Wasser hören? Konnten sie vielleicht sogar durch Unterwassertöne miteinander sprechen?

Barklows Neugierde war geweckt. Er las sich, wieder daheim, in alle greifbaren Untersuchungsberichte ein, suchte Angaben über Nilpferd-Kommunikation und fand nichts. Also organisierte er eine eigene Forschungsreise nach Afrika. In Tansania beobachtete er, wie die männlichen Nilpferde ihr Revier im Fluß verteidigten, was nur eine Bestätigung bereits vorliegender Beobachtungen war. Er entdeckte aber auch anderes. Das Bellen eines männlichen Revierbesitzers löst nicht selten einen ganzen Chor anderer Nilpferde aus, der geballte Lärm wandert das Ufer entlang und bringt weitere Männchen, oft anderthalb Kilometer entfernt, zu einem Antwortbellen. Möglicherweise enthalten die flußauf, flußab geschickten Töne genaue Informationen über den Standort der einzelnen Tiere, so daß ein bestimmtes Nilpferd mit ihrer Hilfe weiß, wann es das Gebiet eines anderen Tieres betritt und den darauf folgenden Revierstreit besser vermeidet.

Die Kopfform des Nilpferdes begünstigt eine – in Barklows Worten – »amphibische Kommunikation«. Der flache Oberkiefer, die nach oben gerichteten Nüstern und die hoch angesetzten Ohren erlauben es dem Tier, mit dem Maul, dem Unterkiefer und der Kehle dauernd unter Wasser zu tauchen. Das genannte Bellen wird durch die Nüstern ausgestoßen und von zwei Wasserfontänen begleitet. Die Schallwelle in der Luft hat demnach ihren Ursprung offenbar in den Nüstern. Aber Barklow zeichnete mit einem Unterwassermikrophon auch weitere Töne auf, und wieder hoben sich die Köpfe der anderen Nilpferde über die Wasseroberfläche, nachdem sie die Töne sowohl durch die Luft als auch unter Wasser gehört hatten.

Zuhause in seinem Laboratorium untersuchte Barklow die Tonbandaufnahmen aus seinen afrikanischen Feldforschungen. Die Ergebnisse waren ebenso überraschend wie frustrierend. In der Computeranalyse zeigte sich eine erheblich komplexere Tonstruktur, als Barklow erwartet hatte, also ein Hinweis darauf, daß Nilpferde ein entgegen bisherigen Vermutungen sehr vielschichtiges Kommunikationssystem besitzen. Außerdem fand Barklow Spuren von Obertönen (wie man sie im Sonogramm von Elefantenrufen findet), die darauf hindeuteten, daß hier auch Infraschall mit im Spiel war. Und das war das Frustrierende: Da er keine Infraschallwellen erwartet hatte, hatte er auf seine Forschungsreise keinerlei Geräte mitgenommen, mit denen diese Töne extrem niedriger Frequenz aufgezeichnet werden können.

Wie bereits erwähnt, ist Infraschall sehr gut geeignet für »Ferngespräche« nicht nur im Medium der Luft, sondern speziell im Wasser. Hier wandern die sehr tiefen Töne viermal schneller als in der Luft, und außerdem verlängert sich die Schallwelle auf das Vierfache, womit die Ausbreitung über weite Entfernungen noch leichter geht. Und schließlich werden diese Schallwellen von der Wasseroberfläche nach unten ins Wasser zurückgespiegelt, wie ja auch eine Schallwelle in der Luft von derselben Wasseroberfläche nach oben reflektiert wird. Aber an welcher Körperstelle entstehen die Unterwassertöne des Nilpferdes? Der wahrscheinlichste Ursprungsort ist wohl ein großes Fettpolster am Unterkiefer, das für die Bündelung der Schallwellen eine ähnliche Funktion hat wie die »Melone« im Kopf eines Delphins. Diese Fettstelle besitzt dieselbe Dichte wie Wasser und dient den Nilpferdtönen zur Überbrückung zwischen den inneren Luftwegen und dem umgebenden Flußwasser.

Das scheint eine elegante Erklärung, aber schon steht man vor einer weiteren Frage: Wie hören Nilpferde unter Wasser? Die Ohren, eigentlich die einfachste Antwort, werfen ein Problem auf: Sie können sich mit Wasser füllen. Um

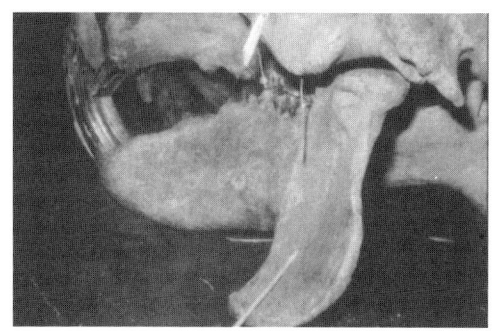

Das Nilpferd
hört unter
Wasser mit
seinen Kiefern

einen solchen Pfropf im Gehörgang zu vermeiden, faltet das Nilpferd seine Ohrmuscheln zusammen und verschließt damit sein Innenohr. Nach diesem Manöver sind die Ohren jedoch noch unempfindlicher für Unterwassertöne. Zwar bringen Schallwellen im Wasser das Gewebe des Tierkörpers zum Vibrieren, und das Knochengerüst leitet die Vibrationen zum Innenohr weiter. Aber im allgemeinen ist ein derartiges Übertragungssystem sehr umständlich und viel zu ungenau, um damit eine effiziente und verläßliche Unterwasserverständigung einzurichten. Bei den Delphinforschern hatte Barklow erfahren, daß bei diesen Tieren der eigenartige Kieferbau alle Töne unverfälscht und vollständig ins innere Ohr weiterleitet. War es bei den Nilpferden etwa auch so?

Nach einer längeren Untersuchung ihrer Ohr- und Maulanatomie war Barklow überzeugt, daß ihr Gehör durchaus über den Kiefer funktionieren könnte. Wenn die Annahme zutraf, konnten Nilpferde nicht nur deutlich unter Wasser hören, sie hörten einen Unterwasserton sogar früher als einen Ton, der durch die Luft daherkam. Damit besäße ein halb untergetauchtes Nilpferd eine Technik, mit der es die Entfernung einer Infraschallquelle bestimmen konnte. Derselbe Ton käme nämlich zweimal im Innenohr an: einmal

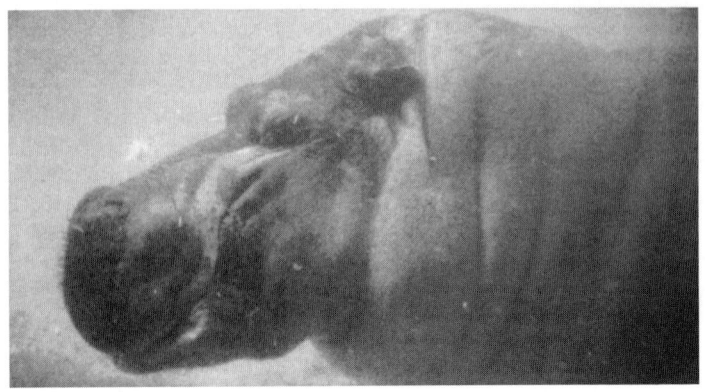

Beim Untertauchen verschließt das Nilpferd Ohren, Augen und Nüstern

unter Wasser über den Kiefer und dann etwas später durch die Luft in die Ohrmuscheln. Je weiter die beiden Ankunftszeiten auseinanderlagen, um so weiter war die Tonquelle entfernt. Um für diese aufsehenerregende These Beobachtungsdaten zu sammeln, ging Barklow 1992 noch einmal nach Afrika.

Auf dieser zweiten Forschungsreise transportierte er fast 400 Kilo technische Ausrüstung über den Atlantik. Darunter befand sich auch ein raffinierter Apparat, mit dem er Unterwasser- und Luftschallwellen vergleichen und gleichzeitig das sichtbare Verhalten der Nilpferde beobachten konnte: Es war eine Stereo-Videokamera, die über einen Kanal mit einem Unterwassermikrophon und über einen zweiten Kanal mit einem herkömmlichen Mikrophon verbunden war. Dazu kam noch ein Unterwasser-Lautsprecher, mit dem Barklow den Nilpferden Aufzeichnungen ihrer eigenen Töne vorspielen konnte.

Barklow kam während der trockenen Jahreszeit in Afrika an. Der Flußwasserspiegel war gefallen, und die

Nilpferde, auf engerem Raum aneinandergedrängt, hatten zwangsläufig mehr und intensivere Sozialkontakte. Die Kleinen spielten, die Heranwachsenden »stritten sich« und die Revierbesitzer verscheuchten eindringende Rivalen.

Diese Geschäftigkeit fand hauptsächlich unter der Wasseroberfläche statt. Bei seinen Tonaufnahmen über und unter Wasser fand Barklow denn auch heraus, daß die Tiere einen großen Teil ihrer akustischen Verständigung ebenfalls unter Wasser abwickelten. Obwohl die Töne ziemlich laut waren und problemlos von den Unterwassermikrophonen aufgezeichnet wurden, blieben sie oberhalb der Wasseroberfläche völlig unhörbar. Gelegentlich brüllen Nilpferde auch untergetaucht so, wie sie es außerhalb des Wassers tun, und stoßen dabei aus ihren Nüstern blubbernde Luftblasenketten hervor. Ebensogut können sie aber auch Luftpakete in ihrer Maulhöhle hin- und herschieben, was dann zu einer Art dumpfem Krächzen führt, ohne daß dabei Luftblasen entstehen. Diese Krächzer traten immer gleichzeitig mit den Unterwasserspielen der Jungen auf, allerdings konnte Barklow nie sicher sein, welches Tier die Töne hervorgebracht hatte.

Außer dem Bellen und Krächzen zeichnete er noch andere Unterwassergeräusche auf, und zwar ganze Serien von hellen Knacklauten, ähnlich denen, die Orcas für ihre Echopeilung verwenden. Barklow beobachtete jedoch, daß diese Klicktöne immer zusammen mit dem Sozialleben unter Wasser auftraten, was ihn zu der Vermutung führte, die Laute dienten eher zur Kommunikation als zur räumlichen Orientierung. Noch andere, seltsamere Töne, zum Beispiel eine Art verächtliches Schnauben, brachten die Nilpferde hervor, indem sie dabei die Klappen, die ihre Nüstern bedecken, flattern ließen. Barklow hat keine Ahnung, welchem Zweck diese Töne nützen sollen. Wenn er den Tieren ihre diversen Laute mit Hilfe seines Unterwasserlautsprechers vorspielte, so bewegten sie sich auf die künstliche Schallquelle zu, was seine Annahme stützt, daß das Nilpferd Töne unter Wasser über die Kiefer aufnehmen und so ihre Herkunft bestimmen kann.

Was ist Infraschall?

Noch im vierten Stock hören wir die dumpf dröhnenden Stereobässe aus einem aufgedrehten Autoradio vor der Ampel (der begleitende Diskantlärm bleibt uns gnädigerweise erspart). Wir hören das ferne, dunkle Donnergrollen schon von weitem, das Einschlagen des Blitzes aber erst, wenn es näher kommt. Beide Male nehmen wir nur die tiefen und nicht die hohen Töne wahr, weil die stärkeren niederfrequenten Schallwellen leichter über weite Entfernungen wandern. Der tiefste Baß, den ein Mensch noch hören kann, endet bei etwa 20 Hertz. Darunter können wir tiefe Töne nur noch in ihrer Nähe fühlen, da sie unseren ganzen Körper in Schwingungen versetzen. Einige Tiere können diesen für uns unhörbaren Infraschall jedoch recht gut hören, zum Beispiel Elefanten, Wale, Nilpferde, das Okapi und das Rhinozeros. Sie bringen diese Töne auch selbst hervor. Aber nicht nur solche Großtiere hören Infraschalltöne, sondern auch Tauben, Perlhühner, der Auerhahn, der Kabeljau, der Kalmar und der Tintenfisch.

Der Schall, den Wirbeltiere hören können, besteht aus dem schnellen Wechsel von niedrigem und hohem Luftdruck. Wenn diese Schallwellen das Ohr erreichen, schieben sie das Trommelfell abwechselnd ein wenig hinein und ziehen es wieder heraus. Damit setzen sie eine entsprechende Schwingung des Trommelfells in Gang, die durch die Mittelohrknochen in die Gehörschnecke weitergeleitet

wird, wo sie durch speziell eingerichtete Zellen in Nervenimpulse umgewandelt wird. Unser Gehirn schließlich interpretiert diese Impulse als Schall. Je höher ein Ton ist, um
so länger ist seine Schallwelle (gemessen von Wellenberg zu
Wellenberg). Die kürzesten Schallwellen, die wir gut hören
können, sind nur zwei Zentimeter lang, die längsten etwa
45 Zentimeter. Infraschall hat eine erheblich höhere Wellenlänge, zwischen einigen Metern und mehreren Kilometern.

Diese langen Wellen wandern relativ ungehindert durch
Wälder und Unterholz. Der Grund dafür ist, daß die Fähigkeit eines Gegenstands, eine Schallwelle zu reflektieren,
von dem Verhältnis zwischen der Wellenlänge und der
Größe des Gegenstands abhängt. Kleine Gegenstände, zum
Beispiel Grashalme, Blätter und Bäume verändern die langen Infraschallwellen überhaupt nicht, während sie höhere
Frequenzen (also kürzere Wellen) leicht reflektieren und in
alle Richtungen diffus zerstreuen. Sogar die Moleküle der
Luft absorbieren einen großen Teil der höheren Schallfre-
quenzen, lassen jedoch die langwelligen, niederen Frequenzen unverändert. Dies alles macht den Infraschall zu einem
idealen Kommunikationsmittel über große Entfernungen.

Schall breitet sich von seiner Quelle her nach allen Richtungen hin aus. Dadurch verliert er bei jeder Verdopplung
der Entfernung etwa sechs Dezibel an Lautstärke. Trifft der
Schall auf keinerlei Hindernis, so breitet er sich kugelförmig
aus (bestimmte Schallquellenformen modifizieren die Richtung der Schallausbreitung, so zum Beispiel die Membran
im Innern eines trichterförmigen Lautsprechers oder auch
die Lippenhaltung eines Trompetenspielers: Dabei wirkt
dann die äußere, größere Öffnung als Schallquelle, und der
Schall wird von ihr aus abgestrahlt). Bei Infraschall-Feld-
studien in Afrika fand Langbauer heraus, daß der nackte
Erdboden, hohes Gras und Baumbestand wenig oder gar

keinen Einfluß haben auf Schallwellen unter 60 Hertz, die von einem industrieüblichen Audio-Lautsprecher ausgestrahlt werden (die Messungen erfolgten in vier verschiedenen Entfernungen vom Lautsprecher, die zwischen etwa zehn und 120 Meter betrugen).

Auch sehr starke Lautsprecher kommen nicht an die Lautstärke-Energie des Infraschallrufs eines Elefanten heran, die noch in etwa fünf Metern Entfernung als ebenso laut wie das Rollen eines nahen Donners gemessen wurden. Die Lautsprecher, die bei Feldstudien benützt werden, wären zwar für häusliche Stereoanlagen riesig, schaffen aber nur etwa die halbe Lautstärke eines Elefanten. Nach Hochrechnungen von Ergebnissen aus der Wiedergabe aufgezeichneter Elefantenrufe schätzt Langbauer, daß diese Tiere ihre Infraschallrufe etwa vier Kilometer weit hören können.

Kapitel 10: Katzen und Hunde

Das Brüllen des Löwen

Fünf Kilometer weit rollt das kehlige Grollen durch die Serengeti, wenn »der König des Dschungels« brüllt. Dabei streckt er den Hals, hebt das majestätische Haupt und schüttelt die mächtige Mähne. Er allein ist der Herrscher in seinem Revier. Diese Szene und der stolze Monarchentitel tauchen seit Jahrzehnten in Kinderbüchern und Hollywoodfilmen auf, besonders nachdrücklich in dem Zeichentrickfilm ›König der Löwen‹ von 1994. Offensichtlich spielt es keine Rolle, daß Löwen gar nicht im Dschungel wohnen, daß ein Rudel keinen König hat und ein Territorium ausschließlich den Löwinnen gehört. Das Bild hat sich eingeprägt.

Das Löwenrudel ist eine langlebige, sozial fein strukturierte Gruppe. Sie besteht aus maximal 18 erwachsenen, miteinander verwandten Weibchen, den Heranwachsenden und den Jungen beiderlei Geschlechts. Sowohl bei der Jagd als auch beim Essen, in der Revierverteidigung und der Kinderpflege arbeiten die Weibchen aufs engste zusammen – das kann so weit gehen, daß jedes Weibchen für jedes Baby im Rudel die Mutterstelle einnehmen kann.

Auch die männlichen Löwen bilden kollegiale Gruppen; man nennt sie »Koalitionen«. Eine Koalition vereint sich zeitweise mit einem Rudel, und in dieser Zeit zeugen die Männchen ihre Nachkommen. Für die meisten Männchen ist diese vorübergehende Verbundenheit mit einem Rudel die einzige Chance im Leben, die Weitergabe ihrer Gene an die nächste Generation zu sichern. Nachdem sich ein männlicher Löwe einmal vom Rudel getrennt hat, wird er so gut wie nie mehr in eine andere Gruppe aufgenommen. So finden die Paarungen der Löwen immer unter schärfsten Wettbewerbsbedingungen statt, ein riskantes Spiel um Leben und Tod. Höchstens zwei oder drei Jahre bleibt eine Männerkoalition im Rudel, bevor sie von einer neuen, stärkeren Koalition verjagt wird.

Dieser gnadenlose Wettkampf ist auch der Grund dafür, daß Männchen ohne zu zögern einen Rivalen, der in ihr Gebiet einzudringen droht, angreifen und nicht selten töten. Eine weitere, etwas unheimliche Konsequenz ist die Tatsache, daß die neue Koalition systematisch alle sozusagen »fremden« Jungen im Rudel tötet und alle Heranwachsenden hinauswirft. Der Verlust der Kinder führt zu einer schneller einsetzenden Brunft der Weibchen, was wiederum den Männchen günstigere Paarungsgelegenheiten verschafft. Löwenforscher nehmen an, daß derartige Verdrängungsattacken den Tod von fast einem Drittel aller Jungen verursachen (Weibchen greifen ihre Jungen eher selten an). Ein dritter Effekt dieses Wettbewerbs ist die Bildung der Koalitionen. Kein Löwe, er mag so stark sein, wie er will, kann seine Interessen allein verteidigen. Er braucht Partner. Schon zwei oder drei meist nicht miteinander verwandte Löwen bilden deshalb eine Koalition und teilen die Arbeit der Paarung im Rudel unter sich auf. Es ist eine Situation, in der jeder nur gewinnen kann, wenn er mit seinem Kollegen bedingungslos zusammenarbeitet. Größere Koalitionen trifft man ebenfalls an, aber die höhere Mitgliederzahl vermindert natürlich die Chance des einzelnen, eigenen Nachwuchs zu zeugen. Die größeren Männergruppen der Löwen bestehen deshalb immer aus Verwandten: Wenn ein Löwe schon nicht zu eigenen Kindern kommt, so kann er zumin-

Ein Löwen-Kampf um das Revier

dest andere Junge beschützen, die ihm genetisch naheste-
hen. Auch die Löwinnen stehen untereinander im Wettbewerb, bei ihnen geht es um den langfristigen Revier-
besitz. Die typische Abwehr ist bei ihnen jedoch ein sanf-
teres Verscheuchen und nicht der gewalttätige Angriff.

Beiden, Männchen wie Weibchen, ist es dabei von hohem Nutzen, daß sie immer genau wissen, wen sie vor sich
haben. Es brächte einem Männchen gar nichts, einen Löwen seiner Koalition anzugreifen, der zufällig am Rand des
Territoriums ein bißchen herumbrüllt; er würde damit nur
seine eigene Koalition schwächen und sie beim Angriff
einer rivalisierenden Gruppe dem Risiko der Vertreibung
aussetzen. Völlig anders ist die Lage, wenn er die Mitglie-
der einer fremden Koalition attackiert: In diesem Treffen
entscheiden Sieg oder Niederlage darüber, ob er seine Gene
weitergeben kann oder nicht. Er muß also imstande sein,
verläßlich zu erkennen, ob da ein Feind oder ein Freund
brüllt.

Jon Grinnell, Craig Packer, Anne Pusey (alle drei von
der University of Minnesota) und Karen McComb (Cam-
bridge University) wollten herausfinden, wie genau Löwen
das Gebrüll ihrer Artgenossen hören und verstehen. Ausgerüstet mit Tonaufnahmen fremder Löwen, einem High-
tech-Abspielgerät und einem ausgestopften Löwen fuhren
sie in die Serengeti, den berühmten Nationalpark in Tansania. Sie experimentierten mit etwa 200 Tieren in 20 verschiedenen Rudeln. Diese Löwen werden schon seit zwei
Jahrzehnten beobachtet, und jedes Tier hat eigene natürliche Kennzeichen, mit denen es identifiziert werden kann.

Die Wissenschaftler stellten zwei Fragenkomplexe auf.
Erstens sollte geklärt werden, ob Löwinnen die Männchen in
ihrem Rudel von fremden Löwen, die ihre Jungen töten
wollen, an der Stimme unterscheiden (ob sie also die Väter
ihrer Kinder erkennen) und ob sie außerdem die Stimmen

anderer Löwinnen auseinanderhalten können. Zweitens suchte man Antworten auf folgende Fragen: Erkennen männliche Löwen das Gebrüll eines eindringenden Rivalen? und: Welche Strategien benützen sie, um mit so einer Invasion fertigzuwerden?

Zwar gab es bereits für viele Vogelarten, einige Fische und Säugetiere entsprechende Forschungsergebnisse. Hier sind die erwachsenen Tiere fähig, andere Erwachsene ihrer Art individuell zu erkennen. Aber die Wissenschaftler wußten nicht recht zu erklären, worin der unmittelbare Überlebensvorteil dieser Individuenerkennung liegt. Möglicherweise würden die Löwenstudien die Antwort liefern. Wenn eine Löwenmutter mehrere Löwenmänner an ihrem Brüllen unterscheiden kann, so rettet sie damit ihren Jungen vielleicht das Leben, und das ist zweifellos ein klarer genetischer Gewinn. Obwohl sie später weitere Junge zur Welt bringen könnte, liegt es in ihrem strategischen Interesse, ihre Kinder wenigstens so weit heranwachsen zu lassen, daß sie von eventuell eindringenden Rivalenmännchen nur vertrieben und nicht gleich umgebracht werden.

Für das Experiment postierte das Forscherteam den Lautsprecher in einem Unterholz, knapp 200 Meter vom Rudel entfernt. Dann wurden die verschiedenen Brülltöne abgespielt: von den Vätern der Jungen im Rudel, von anderen Männchen, die etwa 30 Kilometer entfernt lebten, und von fremden Weibchen. Die Ergebnisse waren ziemlich eindeutig. Die Weibchen blieben ruhig liegen, wenn sie das Brüllen ihrer derzeitigen Partner hörten (dies war, nach Auffassung des Teams, überhaupt der erstmalige Hinweis darauf, daß Weibchen den Ruf ihrer Männchen erkennen können). Hörten sie dagegen das unvertraute Männchen-Gebrüll, so fingen sie zu knurren an, scharten sich um ihre Jungen und machten sich zur Flucht bereit. Wenn die Jungen für einen Rückzug noch zu klein oder sicher in

Löwen bei der Paarung

einer Erdhöhle untergebracht waren, dann stellten sich die Weibchen in ihrer Nähe kampfbereit auf. Insgesamt funktioniert die Erkennungsstrategie recht gut (so Pusey und Packer in ihren Publikationen). Eine eroberungslustige fremde Koalition hat eigentlich nur dann eine Erfolgschance, wenn die Löwenkinder zum Weglaufen zu jung sind, das heißt noch nicht sechs Monate alt.

Ganz anders war die Reaktion der Löwinnen auf das Brüllen fremder Löwinnen. Jetzt ließen sie sogar ihre Jungen allein und näherten sich den »Rivalinnen«. Das tun sie aber nicht einfach so und umstandslos. Offenbar schätzten die Löwinnen vorher die Anzahl der Stimmen (auf den Tonbändern waren sowohl einzelne Tiere als auch Zweier- und Dreiergruppen), sie kalkulierten sozusagen ihr Risiko. Eine Annäherung erfolgte nur dann, wenn ihr eigenes Rudel den Stimmen zahlenmäßig etwa zwei zu eins überlegen war. War das Zahlenverhältnis ungünstiger, so bewegten sie sich nicht, sondern brüllten ihrerseits, offenbar, um damit Verstärkung herbeizurufen. Wenn sie sich schließlich doch herantrauten, dann geschah es um so schneller und bereitwilliger, je größer ihre zahlenmäßige Überlegenheit war.

Dann kamen die brüllenden Männer an die Reihe. Es wurden Einzelstimmen und zwei- bis dreistimmige Chöre abgespielt, und zwar entweder mittels des Lautsprechers im Unterholz oder aus dem Innern der Attrappe. Die Männchen scheinen genau zu wissen, wer da brüllt, und unterscheiden gut zwischen Koalitionsmitgliedern und Rivalen. Wenn sie einen Fremden vor sich hatten, griffen die Männchen allerdings zu einer ganz anderen Strategie als die Weibchen. Völlig unabhängig von irgendeiner zahlenmäßigen Über- oder Unterlegenheit rannten sie aggressiv auf den Lautsprecher zu, und in drei Fällen wurde selbst die Attrappe angegriffen. Wenn eine feindliche Koalition das Rudel erfolgreich übernähme, würden die Löwen ja nicht nur ihre schon gezeugten Jungen verlieren, sondern darüber hinaus jede Möglichkeit künftiger Nachkommen. Die Männchen sind also auf ihre Koalition angewiesen, wenn ihre Fortpflanzung gelingen soll; wie drohend die Gefahr auch immer sei, zusammen und wie ein Mann verteidigen sie ihre gemeinsame Vaterschaft (und das hat wahrhaftig keine Ähnlichkeit mehr mit dem Untergebenen eines Disney'schen »Königs« der Löwen, der finstere Intrigen spinnt, um den Monarchen vom Thron zu stoßen).

Der bellende Hund

Zuerst bellt immer nur ein Hund, dann ein paar Vorgärten entfernt ein zweiter. Kurz danach ertönt die ganze Straße entlang das aufgeregte, scheinbar nicht endenwollende Gebell. Was haben sich all diese Hunde zu sagen? Raymond

Coppinger und Mark Feinstein (beide am Hampshire College in Amherst, Massachusetts) sind überzeugt, die Tiere benehmen sich einfach kindisch.

Fast jeder in der Familie der Hunde knurrt, jault und heult. Ebenso gemeinsam haben sie Gesichtsausdrücke und Körperhaltungen für bestimmte Mitteilungsabsichten. Die entblößten Kiefer sind für jeden, auch für uns Menschen, ein gut verständliches Zeichen. Was jedoch die Hunde von ihren Verwandten unterscheidet, ist das Bellen. Wölfe und Kojoten – auch einige Sonderzüchtungen wie der gewissermaßen stimmlose Basenji – bellen ziemlich selten. Manche Hunde aber bellen ununterbrochen. Coppinger und Feinstein haben einmal die Belldauer eines Hundes mit sieben Stunden gemessen. Eine andere Studie kommt auf 907 Belltöne in einem Zeitraum von nur zehn Minuten. Die beiden Wissenschaftler fragten sich, was das bedeutet.

Ein anderes Verhalten von Haushunden gibt vielleicht einen Hinweis darauf, warum sie bellen, vielleicht auch, warum es überhaupt Haushunde gibt: Es ist die Gewohnheit, im Müll zu wühlen. Schon mancher Hundebesitzer fand beim Nachhausekommen alle Küchenabfälle über den Fußboden verstreut oder draußen die Mülltonne umgeworfen. Bei archäologischen Ausgrabungen hat man Hundefossilien zusammen mit 10 000 Jahre alten Menschenknochen gefunden. Die beiden Wissenschaftler vermuten deshalb, daß Hunde schon bei den Menschen von damals Aas- und Abfallfresser waren. Einige dieser Hunde wurden von den Frühmenschen wohl auch getötet und gegessen, und es ist wissenschaftlich kaum zu vermuten, daß sie Hunde planmäßig gezähmt hätten. Man nimmt daher an, daß die Hunde, die sich in der Nähe menschlicher Lagerplätze herumtrieben, eine günstige ökologische Nische für sich entdeckten.

Das Hundebellen wird besonders unerklärlich, wenn

Ein Hunde-Duett: Aber warum bellen sie?

man es mit anderen Tierstimmen vergleicht. Ein tiefes, kehliges Reibegeräusch, das wir Knurren nennen, signalisiert überall sonst ein erwachsenes Tier. In unseren Ohren klingt es gefährlich. Das leise, tiefe, drohende Knurren eines Wolfs oder eines Hundes gilt uns als Alarmzeichen. Ein helles, hochtöniges Jaulen oder Winseln dagegen klingt für uns nicht bedrohlich. Ein Hund zum Beispiel winselt, wenn er drinnen ist und raus will oder auch, wenn er draußen ist und rein will (und manchmal das eine gleich nach dem anderen).

Nun entdeckten Coppinger und Feinstein, daß diese zwei ganz verschiedenen »Tonarten« im Hundegebell kombiniert auftreten, so, als ob das Tier gleichzeitig ein tiefes, barsches Erwachsenensignal und ein hohes Kinderjammern hören ließe. Die Forscher glauben, daß sich dieser Akkord gut mit ihrer Vorstellung von der historischen Zähmung des Hundes verträgt. Ihr zufolge hatten besonders angstfreie

Das Heulen
des Wolfes,
ein Signal
über große
Entfernungen

Hunde innerhalb oder in der Nähe menschlicher Siedlungen das schönste Leben. Solche Zutraulichkeit ist aber allgemein ein Charakterzug der Kindheit. Wir können ohne weiteres die Babys aller möglichen Tiere in die Hand oder auf den Arm nehmen, aber den erwachsenen Tieren nichtgezähmter Arten nähern wir uns aus gutem Grund mit Vorsicht. Die Umgebung menschlicher Lagerplätze und Siedlungen begünstigt also einen Selektionsdruck in Richtung Zahmheit. Ein furchtsamer Hund hätte kaum eine Chance, an die saftigsten Fleischstücke im Abfall zu kommen. Aber ein zahmer Hund, mutig genug sich heranzuwagen, beherrscht das richtige, in dieser Umwelt »passende« Verhalten.

In der Folge, so beschreiben Coppinger und Feinstein

den weiteren Verlauf, bekamen die zahmen Hunde ihre Welpen und gaben von einer Generation zur nächsten immer mehr Zahmheitsgene weiter – und damit auch die Kennzeichen eines kindlichen Verhaltens. Tatsächlich entwickeln die meisten Hunde nicht den für Erwachsene charakteristischen Jagdinstinkt. Hundemütter säugen ihre Kinder, aber Futter schaffen sie nicht herbei. Die beiden Wissenschaftler sind sogar überzeugt, daß noch zwei andere Kennzeichen für die vererbte Kindlichkeit sprechen: die vielfältigen Formen und Farben der Hundearten sowie die Tatsache, daß die Weibchen zweimal pro Jahr läufig werden (statt nur einmal, wie es bei wildlebenden Hundearten der Fall ist).

Kein Wunder also nach dieser Entwicklung, daß Hunde ihre Mixtur aus kindlichen und erwachsenen Tönen von sich geben. Im Leben der Hunde ist das Gebell ebenso nutzlos wie Luftsprünge oder hübsche Wuschelohren. Sie bellen halt, einfach so.

Die Aufforderung zum Spiel

Die Szene kennt jeder Hundefreund: Das Tier legt die Vorderarme flach auf den Boden, stützt sich auf Ellbogen, hält den Kopf waagrecht und den Blick nach oben gerichtet. Währenddessen bleibt das Hinterteil aufrecht stehen, als gehörte es zu einem ganz anderen Hund. Offenbar ist auch dieses Kommunikationsverhalten, ähnlich wie das Bellen, eine Kombination aus jugendlicher Unterwerfung und erwachsener Fluchtbereitschaft. Die Körperhaltung, üblich bei Hunden, Wölfen und Kojoten und gelegentlich »Verbeugung« genannt, signalisiert die Lust zu spielen. Nicht selten folgt kurz danach ein kurzes Aufjaulen zum

Die Aufforderung zum Spiel (ausgehend vom Hund links)

Menschen hin. Welche Funktion hat die Verbeugung aber in der Kommunikation der Hunde untereinander? Marc Bekoff (University of Colorado) hat auf unzähligen Videoaufzeichnungen erwachsene Hunde und die Welpen von Haushunden, Wölfen und Kojoten beobachtet und dabei genau festgehalten, welche Verhaltensformen der Verbeugung vorausgingen und welche ihr folgten. Oft bemerkte er vorher oder nachher ein Verhalten, das sonst als Drohgebärde zu verstehen ist, zum Beispiel ein kurzes Beißen. Bekoff interpretiert deshalb die Verbeugung nicht als bloße Aufforderung, sondern als eine Art körpersprachliche Überschrift, die den folgenden Gebärden die Bedeutung eines Zeitvertreibs gibt und dem Mitspieler garantiert, daß selbst im wildesten Gepurzel noch die »Spiel«-Regeln gelten.

Auch Löwenjunge spielen miteinander und üben dabei das Anspringen und andere Tricks, die sie später als Erwachsene ernstlich anwenden. Da aber schon die Kleinsten von ihnen scharfe Klauen und Zähne haben, brauchen auch sie eine Verständigung darüber, daß der Angriff jetzt wirklich nur als Spaß gemeint ist. Die Löwenjungen teilen es ihrem Spielkameraden mit, indem sie übertrieben gestelzt dahinmarschieren und ihre Klauen während des Spiels eingezogen halten.

Kapitel 11: Affen

Wenn eine afrikanische Meerkatze im Gras eine Schlange sieht, kreischt sie. Das ist verständlich. Die offenkundige Ähnlichkeit mit dem Schreckensschrei eines Menschen führte Verhaltensforscher jahrzehntelang zu der Annahme, das Kreischen des Affen enthielte genau dieselbe emotionale Bedeutung und nichts weiteres. Im Jahr 1967 jedoch bezweifelte Thomas Strusaker (er arbeitete damals an der University of California, in Berkeley) diese scheinbar vernünftige Behauptung. Er konnte drei ganz verschiedene Angstschreie der Meerkatze beschreiben und an ihnen zeigen, daß der jeweilige Schrei nicht etwa davon abhing, wie erschrocken der Affe war, sondern welches Raubtier er vor sich hatte. Der Grad der empfundenen Angst oder der Überraschtheit modifizierte die Schreie noch zusätzlich, aber Strusaker unterschied die Ausrufe aufgrund der Tonstruktur und der Reaktionen anderer Meerkatzen.

Das Tier gab also beim Anblick einer Schlange einen bestimmten Schrei ab. Die übrigen Tiere in der Nähe stellten sich daraufhin hoch auf die Hinterbeine und suchten mit den Augen den Boden ab. Der zweite Schrei wurde ausgestoßen, wenn ein Leopard in Sicht kam. Jetzt kletterte die übrige Affentruppe in die Bäume und bis auf die dünnsten Zweige hinaus, um sich vor dem schweren Leoparden in Sicherheit zu bringen. Der dritte Schrei war die Warnung vor einem bedrohlich kreisenden Adler. In diesem Fall hätte es den Artgenossen nichts genützt, sich im Gras aufzurichten oder an Äste zu klammern, im Gegenteil, es hätte sie nur

Eine
Meerkatzen-Mutter
mit ihrem
Jungen

zur leichten Beute gemacht. Also drückten sie sich nach diesem Schrei tief unter einen Baum an den Stamm oder huschten ins nächste, möglichst dichte Gebüsch.

Meerkatzen leben im Wald und auf offenem Gelände, immer in eng verbundenen Gruppen. Da diese Gruppen über lange Zeiten hinweg stabil bleiben, bieten Kommunikationsfähigkeiten jedem Mitglied einen unmittelbaren Vorteil. Die Entdeckung der drei verschiedenen, wenn auch leicht modifizierbaren Schreie und der durch sie ausgelösten Reaktionen war ein starkes Argument dafür, daß sich diese Tiere mit mehr als nur Schreckensrufen verständigen. Vielleicht war aber die Reaktion nur ein reines »Nachäffen«. Etwa so: Ein Affe hört einen »Schlange!«-Schrei, hebt den Kopf, sieht den Rufer im Gras stehen und den Boden betrachten – und macht es ihm einfach nach. Robert Seyfarth, Dorothy Cheney und Peter Marler (alle drei damals an der Rockefeller University) stellten sich die Frage: »Haben die Rufe der Meerkatzen eine Bedeutung?« Sie dachten sich eine Reihe von Experimenten aus, mit denen sie die Kommunikation der Tiere zu manipulieren versuchten.

Einen Tierschrei nicht bloß als simple Gefühlsreaktion aufzufassen, sondern als möglichen Hinweis auf einen konkreten Gegenstand, war gegenüber der bisherigen Erklärungsweise eine radikale Kehrtwendung. Die drei Forscher gaben sich daher große Mühe, ihre Experimente sauber und fehlerfrei zu halten. Sie zeichneten Alarmrufe der Affen auf und spielten sie danach einer Herde vor. Sie verbrachten ausreichend lange Zeit mit den Tieren, damit diese sich an ihre Anwesenheit gewöhnen konnten. Ein Warnschrei wurde dann nicht abgespielt, wenn der – natürlich gar nicht erschrockene – Affe in Sichtweite war, von dem die Aufzeichnung stammte. Sie warteten, bis die Tiere ruhig waren und sich in gefahrloser Sicherheit befanden. Schließlich filmten sie die Reaktionen der Tiere auf die

Alarmrufe. Die Meerkatzen reagierten auf die Tonbänder genau wie auf originale Warnschreie.

Nach dem »Schlange-im-Gras!«-Ruf stellte sich der gesamte Trupp aufrecht hin und suchte den Boden mit aufmerksamen Blicken ab. Der »Leopard!«-Ruf schickte sie in die höchsten Spitzen der Bäume, und auf den »Adler!«-Ruf hin verzogen sie sich unter die Bäume oder in die Büsche. Zumindest der erste Affe, der die Reaktion zeigte, konnte nichts nachmachen, da niemand da war, den er hätte nachmachen können. Die Antwort der Herde bezog sich auf den Ruf, nicht auf eine etwaige wirkliche Gefahr, da ja überhaupt keine Gefahr vorlag. Diese Ergebnisse stellten zwar für manche Tierruferklärungen der Verhaltensforschung einen dramatischen Blickwechsel dar, den Rufen selbst war jedoch damit noch keine Bedeutung zugeschrieben. Der Schlangenruf zum Beispiel konnte »Schlange!« bedeuten, aber ebensogut »Schaut auf den Boden!«, vielleicht hatte er auch gar keine »Bedeutung« in dem Sinne, wie menschliche Wörter Bedeutung haben.

In einer weiteren Versuchsreihe spielten Cheney und Seyfarth die Warnschreie ab, die sie von jungen Meerkatzen aufgenommen hatten. Darauf reagierten die erwachsenen Weibchen, indem sie ihre Blicke auf die Mutter des Jungen richteten, nicht aber auf das Junge selbst. Ein solches Verhalten setzt zweierlei voraus: Die Weibchen können ein Junges an seinem individuellen Schrei erkennen; und sie verstehen die Verwandtschaftsbeziehung zwischen einer Mutter und ihrem Nachwuchs.

Sodann untersuchten die beiden Wissenschaftler die feineren Rufe dieser Tiere, die sich wie ein kurzes, dunkles Brummen anhören. Nur mit viel Einübung entdeckt ein menschliches Ohr gewisse Unterschiede in den Brummtönen. Bisher hatte die Forschung angenommen, diese subtilen Abweichungen hingen mit der jeweiligen Situation zusammen, nicht aber mit Unterschieden in der Bedeutung. Auch diese Annahme überprüften Cheney und Seyfarth mit Hilfe des Playbackverfahrens. Die Affen reagierten durchgängig auf jeden einzelnen Typ Brummruf anders, unabhängig vom räumlichen Kontext. Stammte das Brummen von einem ranghöchsten Männchen, so rückten die Tiere von dem »Sprecher« ab. Hörten Sie dagegen das Gebrumm eines unter diesem stehenden, niederrangigen Männchens, dann bewegten sie sich überhaupt nicht. Auch diese Versuche definieren nicht eine bestimmte Bedeutung der Brummtöne. Aber sie zeigen, daß verschiedene Töne verschiedene Bedeutung tragen; sie sind nicht gleichbedeutend.

Die Sozialstruktur der Meerkatzen funktioniert unter der Bedingung, daß jedes Individuum seinen sozialen Rangplatz kennt und auch mitteilen kann. So etwas trifft man nicht nur bei dieser Affenart. Harold Gouzoules und Sarah Gouzoules (von der Emory University und dem Yerkes Primate Center in Atlanta) haben die Warnschreie junger Rhesusmakaken und Schweinsaffen untersucht und entdeckt, daß auch hier inhaltliche Bedeutungen übermittelt werden. An einer gut dokumentierten Rhesusaffengruppe auf der Insel Cayo Santiago (vor Puerto Rico) testeten sie die lange gültige These, daß Tierschreie zwar verschieden sein können, vor allem aber den Erregungsgrad des Rufers ausdrücken.

Da die genannte Gruppe schon lange beobachtet wird, konnten die beiden Forscher einzelne Tiere identifizieren und wußten außerdem über die Verwandtschaftsverhältnisse Bescheid. Zudem war ihnen bekannt, welche Tiere jeweils welchen Rangplatz in der Hierarchie einnahmen. Sie nahmen die Schreie jugendlicher Rhesusaffen auf Tonband auf und fertigten Sonogramme des jeweiligen Schallspektrums an, akustische Fingerabdrücke sozusagen. Im

Widerspruch zu früheren Vermutungen konnten sie die große Mehrheit der Sonogramme deutlich einer von fünf verschiedenen Kategorien zuordnen, die sie als Lärm-, Bogen-, Ton-, Puls- und Wellenschrei bezeichneten. Die fünf Sonogramm-Typen unterschieden sich voneinander durch ihre Frequenzen und den Grad ihrer Komplexität. Die Affen waren offenbar ohne weiteres fähig, diese Laute differenziert wahrzunehmen, die Wissenschaftler hingegen mußten sich anfangs auf die graphische Darstellung verlassen.

Beim Abgleich der Sonogramme mit den Videoaufnahmen der Rhesusaffen stellte sich heraus, daß die Tiere jeden einzelnen Ruf in jeweils einer bestimmten Sozialsituation anwandten. Der Lärmschrei zeigte an, daß ein Höherrangiger mit dem Rufer in aggressiven Körperkontakt getreten war. Einige Verwandte des Angegriffenen reagierten darauf entsprechend, indem sie den Angreifer abzulenken versuchten, statt ihn direkt anzugehen. Der Wellenschrei signalisierte ebenfalls den Angriff durch einen höherrangigen Gegner, aber ohne Körperkontakt. Der Bogenschrei bedeutete einen niederrangigen Angreifer ohne körperliche Berührung. Puls- und Tonschreie verrieten eher eine Kabbelei innerhalb der eigenen Familie. Diese Schreie dienten aber auch dazu, Hilfe herbeizuholen, wobei sie nicht bloß den Grad der Verängstigung mitteilten, sondern auch genauere Informationen über die Situation und den Aufenthaltsort des Rufenden vermittelten; darüber hinaus sagte der Schrei allen anderen, wer da schrie und von wem er angegriffen wurde. Diese Mitteilungen ermöglichten den übrigen Mitgliedern des Trupps angemessene Reaktionen und Antworten. Genau wie bei den Meerkatzen lösen die aufgezeichneten Schreie die gleichen Wirkungen aus wie die natürlich produzierten. Harold Gouzoules vergleicht die Schreie gern mit einfachen Wörtern, die stellvertretend sind für Gegenstände. Oder wissenschaftlicher ausgedrückt: Sie wirken als symbolische Repräsentationen.

Die Gehirnhälften bei Affen und Menschen

Es scheint nun festzustehen, daß die stimmliche Äußerung eines Affen zusätzlich zu ihrem Gefühlsgehalt auch einen beträchtlichen Anteil an Informationen enthält, die sich auf nahe konkrete Gegenstände oder Situationen beziehen. Ist es also denkbar, daß wir bei genauerer Beobachtung noch weitere Sprachähnlichkeiten zwischen Affen und Menschen entdecken? Marc D. Hauser (an der Harvard University) hat Videoaufzeichnungen von den Rhesusaffen auf Cayo Santiago untersucht, und zwar jedes Einzelbild für sich, um Unterschiede zwischen der rechten und der linken Gesichtshälfte der Affen zu entdecken. Beim Menschen steuert die rechte Gehirnhälfte die linke Gesichtsseite und umgekehrt. Die rechte Gehirnhälfte scheint unter anderem eher für die Gefühle zuständig zu sein, die linke für das Sprachvermögen.

Hauser analysierte vier verschiedene Gefühlsausdrücke: das Angstgrinsen, das ein rangniedriger Affe zeigt, wenn er von einem höherrangigen Gruppenmitglied angegriffen oder eingeschüchtert wird; das Paarungsgrinsen, ähnlich dem Angstgrinsen, nur schneller zu Ende geführt, sowie zwei Gesichtsausdrücke, die der Höherrangige dem Niederrangigen zeigt; zum einen ist das eine Drohung mit offenem Mund und zu einem O geformten Lippen, zum andern eine Drohung mit den Ohren, die zu diesem Zweck flach an den Kopf gelegt werden. Hauser fand heraus, daß bei den meisten Affen die linke Gesichtshälfte sich tendenziell eher bewegt, den extremeren Ausdruck zeigt und die-

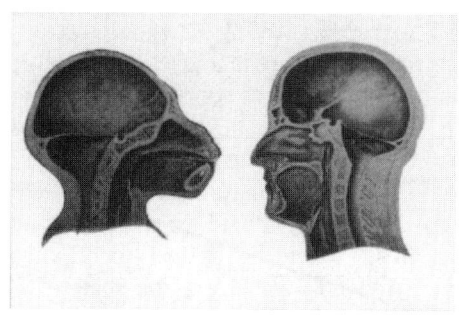

sen länger beibehält als die rechte Gesichtshälfte. Diese Ergebnisse verraten möglicherweise, daß bei den Rhesusaffen der Ausdruck von Gefühlen durch die rechte Gehirnhälfte gesteuert sind, genau wie bei uns Menschen auch. Studien an japanischen Makaken belegen überdies, daß bei diesen Tieren die linke Gehirnhälfte mit der Wahrnehmung stimmlicher Signale befaßt ist.

Fügt man diese Befunde mit Hausers Resultaten zusammen, so kommt man leicht zu der Vermutung, daß Affen und Menschen dieselbe asymmetrische Funktionsaufteilung des Gehirns besitzen, soweit es sich um gegenstandsbezogene Äußerungen und gesichtsmimische Gefühlsausdrücke handelt.

Hauser warnt jedoch vor einer Überinterpretation dieser Schlußfolgerung. Sie beruht auf der Annahme, daß die Äußerungen der Affen deutlich mehr symbolische, gegenstandsrelevante Information als emotionale Inhalte übermitteln. Vorsichtshalber weist er auch darauf hin, daß Ratten- und Hühnergehirne ebenfalls leichte Asymmetrien aufweisen, die so gern mit Kommunikationsfähigkeit in Zusammenhang gebracht werden. Die Asymmetrie der Gehirnhälften allein ist also kein Anzeichen für die höhere Fähigkeit, sprachliche Symbole zu verarbeiten.

Kapitel 12: Können wir miteinander reden?

Mit den großen Affen fühlen sich die Menschen sicher schon immer verwandt, die Familienähnlichkeit ist unverkennbar. Auch der Name, den wir einem solchen Baumbewohner gegeben haben, dem rothaarigen Affen in Borneo, weist darauf hin: Er setzt sich aus den indonesischen Wörtern für »Person« (orang) und »Dschungel« (hutan) zusammen. Einige halten sich einen jungen Schimpansen als Haustier. Viele von uns hatten als Kinder einen Plüschaffen, der nachts mit ins Bett durfte. Auch die bekannte Schimpansenforscherin Jane Goodall führt ihre Begeisterung für die Großaffen auf ein solches Stofftier zurück, das sie noch lange über die Kindheit hinaus behielt.

Im gleichen Atemzug wollen wir uns immer wieder von den Tieren unterscheiden, und als Merkmal, das uns am deutlichsten von ihnen trennt, dient uns die Sprache. Schon vor fast 2000 Jahren schrieb der römische Dichter Sallust: »Jeder Mensch, der die anderen Tiere zu übertreffen wünscht, sollte sich anstrengen, nicht schweigend wie sie durchs Leben zu gehen.« Im 17. Jahrhundert fand der französische Philosoph Descartes die sicherste Grundlage der Selbstvergewisserung in dem Satz: »Ich denke, also bin ich.« Tiere jedoch, erklärte er, denken nicht; sie seien reine Automaten, Tier-Maschinen. Descartes Nachfolger, Jean Geoffroy de La Mettrie, erkannte immerhin, daß taube Menschen nur mit großen Schwierigkeiten sprechen lernen. Das brachte ihn zu der Vermutung, daß auch ein Schimpanse, wenn er nur den richtigen Lehrer hätte, lernfähig wäre und so etwas wie ein »wohlerzogener Mensch« werden könnte.

So tutet der Orang-Utan

Diese widersprüchlichen Auffassungen haben sich bis heute nicht verändert. Einerseits bestreitet kein auf seinen Ruf bedachter Wissenschaftler die Behauptung Darwins, daß von den einfachsten Tieren bis zum Körper des Menschen fließende Übergänge bestehen. Und die Großaffen haben sichtlich einiges mit uns Menschen gemeinsam. In ihrer Anatomie sind sie uns ähnlicher als jedes andere Säugetier, und sogar Teile ihres Gehirns, wenn sie auch etwas kleiner sind, weisen Ähnlichkeiten mit dem menschlichen Gehirn auf. Wenn heute ein Biologe, etwa so wie Dr. Doolittle im Kinderbuch, überhaupt mit einem Tier sprechen könnte, dann wäre es mit Sicherheit ein Großaffe. Andererseits erheben manche Wissenschaftler dagegen scharfen Widerspruch. Trotz aller Übergänge und Gemeinsamkeiten, so ihr Argument, steht die menschliche Sprache einzigartig da; sie ist nicht nur das schwierigste aller Kommunikationsmittel, sondern eine uns vorbehaltene, jedem nichtmenschlichen Tier unerreichbare Fähigkeit.

In den ersten Jahrzehnten dieses Jahrhunderts wurden mehrere Versuche unternommen, Schimpansen das Sprechen beizubringen. Sie endeten in enttäuschenden Mißerfolgen (zur Freude der skeptischeren Wissenschaftler). Die Tiere schafften es einfach nicht, ihre sonst so ausdrucksvollen Lippen einem menschlichen Wort anzuschmiegen. Das Beste, was sie in diesen Experimenten von sich gaben, waren Geräusche, die man mit viel Liebe als Wörter auffassen konnte, etwa »mama«, »papa« oder »ab«, und das nur nach jahrelangem Training.

In einer Veröffentlichung von 1925 wurde dann La Mettries Vermutung, ein begabter Lehrer könne Tieren erfolgreich Sprachunterricht geben, noch einmal ernst genommen: Die dort vorgeschlagene Alternative war die Zeichensprache. Aber erst in den 60er Jahren begann man mit ernsthaften Versuchen, Affen in einer Taubstummen- oder

Der Schimpanse Nim Chimpsky und seine Lehrerin Joyce Butler beim Unterricht in Zeichensprache

Zeichensprache zu unterrichten. Wissenschaftler wählten aus dem Wortschatz der American Sign Language einige leicht veränderte Zeichen aus und versuchten, diese einem jungen Schimpansen namens Washoe, dem Gorilla Koko und dem Orang-Utan Chantek beizubringen. Sarah, eine Schimpansin, sollte lernen, mit Plastikstücken als Wortsymbolen umzugehen, und eine andere Schimpansin, Lana, arbeitete mit einer Computertastatur, die speziell entworfene Symbole (sogenannte Lexigramme) auf dem Bildschirm produzierte.

Wo die frühen Experimente versagt hatten, waren diese neueren Versuchsreihen erfolgreich. Die Tiere konnten tatsächlich Handzeichen, Plastikklötze und tastaturerzeug-

Nim Chimpsky macht die Geste seiner Lehrerin nach und lernt dabei:
»Augen«

te Lexigramme zur Kommunikation mit ihren Lehrern benützen. Die 60er und 70er Jahre wurden das goldene
Zeitalter des Affensprachunterrichts. Einige Forscher be-
haupteten damals (und manche glauben es noch heute),
daß die Tiere Dutzende, ja Hunderte von Wortzeichen beherrschten. Laienhafte Schilderungen gingen noch weiter;
ihnen zufolge hatten die Affen »die Zeichensprache ge-

lernt« und führten damit längere Unterhaltungen. Bis heute hält sich in Zeitungen und Illustrierten, ja sogar in Schulbüchern hartnäckig die Meinung, Affen könnten mit Menschen unter Zuhilfenahme zeichensprachlicher oder anderer Symbole sprechen.

Freilich: Die Tiere konnten mehrere Symbolgegenstände oder Handzeichen zu einer Zeichenfolge kombinieren, mit der sie dem Menschen etwas mitteilten; meist war es eine Bitte um Futter oder auch um Aufmerksamkeit. Nur fragten sich die Forscher nach wie vor, ob die Affen wirklich Sprache gelernt hatten, also das, was wir unter Sprache verstehen. Einige Wissenschaftler fühlen sich zwar berechtigt, die Ergebnisse dieser Versuche weiterhin mit dem Begriff »Sprache« zu bezeichnen. Ihnen widerspricht jedoch Steven Pinker, Psycholinguist und Autor des Buches ›Der Sprachinstinkt‹. Er schreibt: »Kein Schimpanse hat je die Zeichensprache gelernt ... Sicher haben sie ein paar Gesten gelernt, aber eine Zeichensprache ist nicht einfach ein System von Gesten. Sie ist eine vollständige, regelhafte Sprache mit ihrer eigenen systematischen Grammatik, wie Latein.«

Wenn wir die Frage nach der vollständigen Sprache im Augenblick beiseite lassen, bleiben gewisse Fragen stehen: Werden durch die Handzeichen der Affen Wörter gebildet? Verstanden sie wirklich, daß die Zeichen und Lexigramme auf bestimmte Gegenstände und Tätigkeiten hinweisen? War eine Folge von zwei oder drei Zeichen schon ein ganzer Satz?

Eine Antwort auf die Satz-Frage suchte Herbert Terrace (Columbia University) zusammen mit dem Schimpansen Nim Chimpsky, scherzhaft so benannt zu Ehren von Noam Chomsky, dem berühmten Sprachwissenschaftler. Chomsky hatte ganz einfach erklärt, wenn Affen eine Sprache verwenden könnten, dann täten sie das auch in freier Wildbahn. Sie tun es nicht, also können sie es auch nicht. Trotzdem: Terrace brachte Nim mehrere Handzeichen bei, nicht weniger erfolgreich als seine Kollegen bei Washoe, Sarah, Koko, Chantek und Lana. Terrace und sein Hilfstrupp von Studenten tauschten beinahe 24 Stunden täglich mit Nim Handzeichen aus, auch lange Zeichenfolgen. Das Ganze wurde aufgezeichnet und ergab eine ungeheure Menge an auswertbarem Bild- und Tonmaterial.

Im Verlauf dieses massiven Unterrichts und auch wegen Problemen mit dem – wie Terrace es nannte – Babysitting ging Nims Aufenthalt an der Columbia University rasch zu Ende; er wanderte weiter zum Institute for Primate Studies in Norman (Oklahoma). Terrace machte sich nun an die genauere Analyse der Datenmengen aus dem »Nim-Projekt«. In seinem Buch ›Nim‹ (1979) faßte er das Ergebnis zusammen: »Die Regularitäten, die in unserer Datensammlung festgestellt wurden, bevor Nim nach Oklahoma ging, veranlaßten mich zu der Annahme, daß Nim sich einfache Sätze ausdachte. Unsere intensiven Datenanalysen nach diesem Zeitpunkt hatten jedoch kaum begonnen, als ich zu bezweifeln anfing, daß Nims Kombinationen vollgültige Sätze waren.«

Zwar brachte Nim auch sehr lange Zeichenfolgen zustande, etwa »geben Orange ich geben essen Orange ich essen Orange geben ich essen Orange geben ich du«. Aber die durchschnittliche Länge seiner »Sätze« betrug nur 1,5 Zeichen. Steckte Nims Lernerfolg in einer Sackgasse fest? Oder bekam er, was er wollte, ohne lange Zeichenketten zu machen? Terrace kam zu dem Schluß, daß Nim überhaupt nie einen richtigen Zeichensprachen-Satz gebildet hatte und daß seine einzelnen Wortzeichen immer unmittelbar auf ähnliche Zeichen seiner Trainer folgten. Die eingehende Untersuchung der Videoaufzeichnungen überzeugte Terrace, daß Nim die meiste Zeit seine Lehrer imitierte, oft

Nim zeigt »umarmen«, während H. S. Terrace Nims Teddybären hält

erst nach Aufforderung. Der Vollständigkeit halber analysierte Terrace auch noch die Filmaufnahmen anderer Versuchsreihen, darunter zwei von Washoe. Auch hier erkannte er, daß die Lehrer die Tiere immer wieder zu Antworten aufforderten und anschließend die einzelnen Wortzeichen als ganze Sätze interpretierten.

Eine zeichensprachliche Äußerung Washoes zum Beispiel wurde verstanden als »Baby in mein trinken«, nachdem ihr eine Puppe und eine Tasse gezeigt wurden. Terrace beschreibt die Filmszene folgendermaßen: »Washoe ist mit ihrer Lehrerin Susan Nichols zusammen, die eine Puppe und eine Tasse hält. Mrs. Nichols zeigt auf die Tasse und signalisiert »das«. Washoe macht das Zeichen für »Baby«. Mrs. Nichols führt die Tasse und die Puppe näher an Washoe heran, so daß diese die Gegenstände berühren kann, entfernt sie danach langsam von Washoe, macht »das«

161

und zeigt auf die Tasse. Washoe macht »in« und schaut zur Seite. Mrs. Nichols führt Tasse und Puppe noch einmal näher an Washoe heran, die noch einmal die beiden Gegenstände anschaut und »Baby« macht. Danach, als Mrs. Nichols die Tasse noch näher heranbringt, macht Washoe »in«. »Das« macht Mrs. Nichols und zeigt auf die Tasse. »Mein trinken« macht Washoe. Jetzt stellt sich die Frage: Ist Washoes Äußerung – »Baby in Baby in mein trinken« – ein spontaner oder bedeutungsvoller, kreativer Wortgebrauch?«

Ungern gibt der Autor zu: »Solange man noch andere plausible Erklärungen gelten lassen muß als die intellektuelle Fähigkeit, Wörter anhand einer grammatischen Regel zu ordnen, ist die Schlußfolgerung verfrüht, daß die Kombinationen eines Schimpansen dieselbe Struktur aufweisen, die wir in den Sätzen eines Kindes sehen.« Terrace mildert die scharfe Aussage immerhin ein wenig: »Das soll nicht heißen, daß ein Schimpanse einfach unfähig ist, einen Satz zu produzieren.«

Trotz dieser Abschwächung empfanden Affensprachen-Forscher Terraces Ergebnisse als einen Angriff. Die Sinnesänderung des Autors war in der Fachliteratur mehrfach publiziert worden; daraufhin verminderten sich die Fördermittel für ähnliche Projekte, einige Forscher suchten sich ein neues Studienobjekt, andere schieden völlig aus dem Wissenschaftsbetrieb aus, und an Terrace blieb eine Art Vorwurf hängen. Duane M. Rumbaugh und E. Sue Savage-Rumbaugh schrieben 1994 in dem Buch ›Animal Learning and Cognition‹: »Die Auffassung des Autors und seiner Projektpartner erhielten eine so weitgehende Geltung, daß bald danach überwiegend akzeptiert war, daß – (1.) weil Terraces Nim keine Sprache hatte und (2.) weil Terraces Labor-Analysen des Videomaterials aus den Labors anderer Zeichensprachen-Experimente darauf hindeuteten, daß auch die anderen Affen nur imitierten – sich als logische Schlußfolgerung ergab, daß (3.) kein Affe überhaupt irgendeine Sprachfähigkeit bewiesen hatte und daß (4.) Sprache jenseits der Fähigkeit der Affen lag.«

Rumbaugh und Savage-Rumbaugh leiten am Georgia State University Language Research Center eines der wenigen Tiersprachen-Forschungsprojekte, die selbst nach Terraces Sinneswandel mit voller Kraft weiterliefen. Als Fortsetzung der Experimente mit Lana geben die beiden zusammen mit Rose A. Sevcik und anderen weiterhin ihren Affen Sprachunterricht, teils mit Erfolg, teils mit Enttäuschung. Zwei Schimpansen, Sherman und Austin, lernten Lexigramme für verschiedene Futtersorten und für Werkzeuge, mit denen sie das Futter aus einem verschlossenen Behälter herausholen konnten. Nach einem umfassenden Training erlernten sie außerdem eine gewisse Zusammenarbeit, wobei sie ihre Tastaturen benützten und damit einander um die für das Futterholen nötigen Werkzeuge baten. Das Futter teilten sie dann unter sich auf.

Später lernten sie auch noch Lexigramme für die Oberbegriffe »Futter« und »Werkzeug«. Mit ein wenig Übung konnten sie diesen beiden Kategorien je 20 andere Lexigramme richtig zuordnen – schon dies eine großartige Leistung. Aber die nächste Aufgabe ließ noch Erstaunlicheres erwarten. Ohne spezielles Training konnten die beiden Affen ein bestimmtes Lexigramm wahrnehmen und danach den damit bezeichneten Gegenstand aus einer Kiste nehmen, in die ihnen die Sicht versperrt war. Diese Fähigkeit schien zumindest ein Hinweis darauf, daß Sherman und Austin die Funktion der Gegenstandsbenennung verstanden hatten. Anscheinend benützten sie Symbole wie Wörter.

Aber die Resultate einer anderen Versuchsreihe, mit Matata, hinterließ gemischte Gefühle. Matata gehört zu einer Affenart, die Bonobo heißt (*Pan paniscus*) und nahe mit den Schimpansen (*Pan troglodytes*) verwandt ist. Die Bonobos – oft fälschlich als Pigmäen-Schimpansen bezeichnet – unterscheiden sich in mehreren Aspekten von den Schimpansen. Sie sind etwa einen Kopf kleiner, wiegen weniger und besitzen eine feinere Gestalt. Sie stellen sich öfter aufrecht hin, schneiden andere Gesichter und verständigen sich wildlebend auf andere Weise als Schimpansen. Auch ihre Sozialstrukturen in freier Wildbahn unterscheiden sich von denen ihrer Artverwandten. Waren die Bonobos vielleicht zu einem leichteren Spracherwerb befähigt? Die schlechte Nachricht zuerst: Matata war selbst nach einigen Jahren Training außerstande, auch nur mit wenigen Lexigrammen zuverlässig umzugehen.

Sie war aber außerdem so etwas wie eine berufstätige Mutter und nahm deshalb ihr adoptiertes Baby Kanzi mit zur Lern-Arbeit. Und da beginnt die gute Nachricht. Während Matata nachdenklich vor der Tastatur saß, kroch Kanzi ihr währenddessen auf den Schoß oder den Rücken, oder er spielte in ihrer Nähe allein für sich. Die Wissenschaftler hatten sich mit seiner Gesellschaft abgefunden, ihn aber nie unterrichtet. Zwei Jahre lang wuchs Kanzi also in einer Umgebung auf, in der Menschen dauernd irgendwelche Geräusche vormachten und auf einer Tastatur herumhackten, um jemandem einzelne Zeichen beizubringen. Schließlich erklärte Savage-Rambaugh Matata zum hoffnungslosen Fall; sie hatte nicht nur keine Lexigramme gelernt, mit denen sie um etwas bitten sollte, sondern hatte überdies die gefährliche Neigung angenommen, ihren Lehrern Gegenstände aus der Hand zu reißen. Kanzi durfte im Labor bleiben, Matata jedoch wurde in das nahe Yerkes Primate Center geschickt, wo sie auf der Suche nach einem Partner endlich ihre angeborenen Verständigungsmittel anwenden konnte. Zu dieser Zeit war Kanzi zweieinhalb Jahre alt.

Wie ein Kind von Einwanderern zeigte Kanzi bald, daß

Eine Orang-Utan-Mutter »spricht« ohne Worte mit ihrem Jungen

er genau das aufgenommen hatte, was bei Matata auf so unüberwindliche Schwierigkeiten gestoßen war. Schon nach einer Woche benützte er die Tastatur, um spontan seine Wünsche kundzutun. Allerdings sah es daneben so aus, als benannte er Gegenstände auch dann, wenn er sie gar nicht haben wollte. Savage-Rumbaugh und Sevcik beschlossen, Kanzi keinen Unterricht zu geben, sondern abzuwarten, ob er weiterhin die Tastatur-»Sprache« sozusagen aufsaugen würde; die Wissenschaftler hatten tagtäglich mit ihm zu tun und sprachen mit ihm, und zwar sowohl mit Lexigrammen als auch mit gesprochenen Wörtern, ganz so, als ob er beides verstehen könnte. Anders gesagt: Sie behandelten ihn wie Eltern ein kleines Kind, das noch nicht sprechen kann, aber dauernd Sprache hört. Kanzis Computer war dabei eine große Hilfe, indem er zu jedem Lexigramm über den Lautsprecher das entsprechende Wort akkukustisch ausgab.

Savage-Rumbaugh und ihre Kollegen sind durch Terrace gewarnt. Sie strengen sich deshalb an, bei ihrem Experiment auf viele berechtigte Einwände Rücksicht zu nehmen. Sie bemühen sich, jede Aufforderung an Kanzi zu vermeiden und Versuchsanordnungen zu entwerfen, die einer genauen Nachprüfung standhalten. Im übrigen sind sie außerordentlich vorsichtig in ihren Aussagen. Sie benützen zum Beispiel lieber den Ausdruck »nicht-zufallsbedingte Lexigramm-Kombinationen« als den Begriff »Satz«. Aber Kanzi arbeitet für die ihm geschenkte Aufmerksamkeit, nicht für Futter, deshalb kann das Forscherteam den menschlichen Faktor nicht völlig ausschließen. Und Kanzis nicht-zufallsbedingte Lexigramm-Kombinationen gehen selten über drei Zeichen hinaus. Wer Kanzi bei der »Unterhaltung« mit Sue Savage-Rumbaugh beobachtet, ist beeindruckt von den intensiven »Wortwechseln«, die ein wenig an die oben beschriebene »Baby-in-mein-trinken«-Videoaufnahme erinnern.

Kanzis Zwei- und Drei-Wort-Sätze auf der Tastatur mögen nicht wie der große Durchbruch aussehen. In einer weiteren Serie von Experimenten wurde Kanzis Verständnis gesprochener Worte mit dem Sprachverständnis von Alia verglichen, der zweieinhalbjährigen Tochter eines Wissenschaftlers am Language Center. Beiden legte man Satzverständnisaufgaben vor, die zu Vergleichszwecken so gleichartig waren, wie es überhaupt zu schaffen war. Und dabei schien zunächst: Kanzi und Alia haben zwei recht verschiedene Verständnisniveaus.

Kanzis Testergebnis ist auf dem Videoband zu sehen. Er

sitzt mit zwei Personen (eine von ihnen ist Rose Sevcik) in einem Raum. Eine dritte Person (Sue Savage-Rumbaugh) befindet sich mit einem Mikrophon außerhalb des Raumes. Die beiden Personen im Raum haben Kopfhörer aufgesetzt, durch die ihnen laute Musik zugespielt wird, um zu verhindern, daß sie Kanzi Tips geben. Der Raum enthält eine »Küche« und eine Spielzone mit mehreren Gegenständen, die Kanzi noch nie gesehen hat, darunter Kinderkleider, ein Krug mit Wasser, eine Schlange aus Gummi, ein Plüschhund, eine 10-Kilo-Packung Karotten, eine Handpuppe, die ungefähr wie ein Häschen aussieht. Jetzt ruft die Stimme von draußen: »Kanzi, laß den Hund die Schlange beißen!« Sofort packt Kanzi die Gummischlange und den Hund, legt den Kopf der Schlange vorsichtig ins Maul des Hundes und drückt sanft die Hundekiefer aufeinander. Das ist eine eindrucksvolle Verständnisleistung – erst recht, wenn man bedenkt, daß Kanzi die Bedeutung der Wörter auf Gegenstände verallgemeinert, die er vorher noch nie gesehen hat.

Dann spricht Savage-Rumbaugh ins Mikrophon: »Kanzi, kitzle Rose mit dem Häschen!« Kanzi nimmt die Häschen-Puppe, trägt sie zu Sevcik und kitzelt sie damit. Rose Sevcik erklärt zu dieser Sequenz, daß Kanzis einzige Vorkenntnis des Wortes »Häschen« ein Videoband war, auf dem ein Mitarbeiter sich mit einer Art Häschenkostüm verkleidet hatte. Die Wissenschaftler hatten die Testaufgaben vorher nie mit Kanzi eingeübt, und sämtliche Gegenstände im Raum waren erst für dieses Experiment angeschafft worden.

Duane Rumbaugh faßt die Ergebnisse zusammen: »Kanzis Verständnis von 500 Aufforderungssätzen ist weitgehend vergleichbar mit dem Satzverständnis Alias. Beide befolgten die Aufforderungen ohne fremde Hilfe in etwa 70 Prozent der Fälle.« Er betont außerdem, daß Kanzi in seinen ersten Lebensjahren lediglich durch Beobachtung gelernt hat und dies auch nur mit viel Glück zutage trat, als man sich entschloß, Kanzi auch nach dem Auszug seiner Mutter im Labor zu behalten.

»Affen«, sagt Rumbaugh, »können also dahin kommen, selbst den Satzbau einer menschlichen Sprache zu verstehen, und zwar auf einem Niveau, das einen Vergleich mit dem eines zweieinhalbjährigen Kindes erlaubt – wenn beide fast seit ihrer Geburt in einer sprachstrukturierten Umgebung aufgezogen werden. Wächst ein Affensäugling auf diese Weise auf, dann entwickelt sich sein Gehirn so, daß es fähig wird, Sprache zu erwerben, anfangs durch das Hörverständnis und später durch eigenen Ausdruck, eine typische Abfolge, die auch für den Verlauf des Spracherwerbs bei einem normalen Kind charakteristisch ist. Wir hatten zuerst keinerlei Absicht, an Kanzi das Sprachenlernen durch Beobachtung zu studieren. Aber es hat sich so ergeben, und wir haben die Ergebnisse seitdem mit anderen Bonobos und Schimpansen wiederholt.«

Duane Rumbaugh und Sue Savage-Rumbaugh beschreiben den aktuellen Forschungsstand, offenbar zutreffend, in ›Animal Learning and Cognition‹ folgendermaßen: »Obwohl niemand behaupten wird, Tiere hätten dieselbe Sprachfähigkeit wie Menschen, sollte aber auch niemand abstreiten, daß zumindest einige Tiere recht beeindruckende Befähigungen für Sprachfertigkeiten haben, das Sprachverständnis eingeschlossen.«

Von Affe zu Affe gesprochen

Im Lärm der Debatte, ob überhaupt und wenn ja, wie gut Affen eine »Sprache« lernen können, geht fast völlig die Tatsache verloren, daß sie ja unter sich ganz natürlich miteinander »sprechen«. Jede Tierart verwendet dafür eine Anzahl unterschiedlicher, oft auch sehr lauter Rufe und Schreie, außerdem Mimik und eine reichhaltige Körpersprache. Kein ernstzunehmender Wissenschaftler nimmt an, daß dieses Repertoire dasselbe ist wie die umfassende, komplexe Sprache der Menschen. Aber die frei lebenden Tiere kommen gut damit aus.

Von allen Affen verfügen vielleicht die Orang-Utans über den imponierendsten Laut, den sogenannten langen Schrei. Er setzt mit einem leisen, tiefen Brummeln ein, dessen Tonhöhe leicht schwankt, wie bei einem Bassisten, der ein zitterndes Vibrato spielt. Dann steigt es langsam zu einem dröhnenden Brüllen an, das man auf zwei Kilometer durch den dichtesten Dschungel hören kann. Im dritten Teil sinkt es dann auf mehrere leise Brumm- und Seufztöne ab. Wie bei vielen anderen Tieren verkündet auch dieser Schrei ein Männchen, das sein Revier verteidigt und vielleicht nach einer Partnerin sucht. Manche Orang-Utans schlagen gleichzeitig hervorstehende Äste zur Seite und verschaffen mit dem dabei entstehenden Krach ihrem Schrei noch zusätzlichen Begleitlärm. Gelegentlich genügt schon das laute Ästeschlagen, um bei einem Nachbarn einen langen Schrei als Antwort auszulösen. Öfter aber rufen die Männchen wiederholt hin und her, vermutlich um einander ihren Standort und ihre Revierherrschaft mitzuteilen.

Selbst während des Paarungsakts »reden« Orang-Utans miteinander, sie brummeln und murmeln und quieken. Ihre Kleinen quietschen, bellen und kreischen. Beide,

Schimpansen in Zaire

Erwachsene und Junge, bringen mit den Lippen und in der Kehle noch weitere Töne hervor, Schmatz- und Rülpslaute. Schließlich knirschen sie auch mit den Zähnen. Die Wissenschaft hat noch keinerlei Bedeutungswörterbuch für all diese Töne erstellt, auch nicht für die körpersprachlichen Mitteilungen. Orang-Utans leben am liebsten hoch im dichten Laub der Bäume, und das erleichtert nicht gerade eine systematische Beobachtung.

Was dem einzelnen Schimpansen im Vergleich zum Orang-Utan an Lautstärke fehlt, machen die Tiere in der Gruppe durch einen markerschütternden Chorlärm wieder wett. Jane Goodall und andere Forscher haben diese höchst verschiedenen Grunzer, Kreischlaute und sogenannten Schnauf-Tut-Töne erfaßt, die von auffallenden Gesichtsausdrücken und bestimmten Körperhaltungen begleitet sind.

Schimpansen leben in lockeren Gruppen, deren Zusammensetzung sich über kurz oder lang immer wieder verändert. Ihre Männchen – im Unterschied zu Delphinen, Elefanten und Löwen – bauen eine stärkere und längerfristige Gruppenbindung auf als die Weibchen. Bei der Körperpflege und der Jagd arbeiten sie gern zusammen und erhöhen durch derlei Bündnisse nicht nur ihren sozialen Rang, sondern auch ihre Paarungschancen.

Der Schnauf-Tut-Laut der Schimpansen ist sehr gut untersucht und dokumentiert. Er beginnt mit einigen keuchenden, tiefen, einer Hupe ähnlichen Tönen, die in ein mehrmaliges, schnelles, tieftönendes Ein- und Ausatmen übergehen, als ob das Tier Mundharmonika ohne das Instrument spielen wollte. Gegen Ende steigert sich der Ton zu einem lauten Crescendo-Höhepunkt. Männchen wie Weibchen können schnauf-tuten, und anscheinend tun sie es bei jeder Gelegenheit, die sich für den Ausdruck eines Erregungszustands anbietet.

Allerdings tönen die Männchen anders als die Weibchen. Mit ein wenig Übung kann auch ein menschliches Ohr die Schnauf-Tuter einzelner Individuen unterscheiden. Wenn ein Schimpanse einen derartigen Laut aus der Ferne hört, lauscht er aufmerksam und antwortet dann. Vermutlich dienen diese Töne auch der Identifizierung, aber sie treten in so vielfältigen Situationen und so zahlreichen Variationen auf, daß sie möglicherweise auch noch andere Bedeutungen übermitteln.

Schimpansenmännchen produzieren bei »Ferngesprächen« zum Schnauf-Tut-Laut manchmal ein Begleitgeräusch: Sie trommeln mit Händen oder Füßen auf einem hohlen Stamm oder Baumstumpf. Offensichtlich geben sie damit ihren Standort kund. Neuere Untersuchungen neigen zu der Annahme, daß die Männchen auf diese Weise mit ganz bestimmten anderen Männchen, insbesondere ihren Bündnispartnern, in Verbindung bleiben.

Von zumindest zwei Schimpansen-Gruppen in Tansania vermutet man, daß sie verschiedene Schnauf-Tut-Dialekte sprechen. Eine derartige Differenzierung ist sinnvoll, da die genaue Erkennung und Unterscheidung von Partnern und Rivalen für die Schimpansen von hoher Bedeutung ist. Vogeldialekte entstehen, indem der gerade flügge gewordene Anfänger die Lieder von seinen unmittelbaren Nachbarn ablauscht. Bis jetzt hat noch niemand bewiesen, daß auch Schimpansen ihre Schnauf-Tuter von Erwachsenen lernen. Möglicherweise liegen die Entstehungsgründe der Dialekte in den Unterschieden des Lebensraums oder auch in der genetischen Ausstattung der Gruppen.

Kapitel 13: Das Knäuel und der Strang

Naturwissenschaftliche Beobachtungen, speziell zum Kommunikationsverhalten bei Tieren, erscheinen in ihrer Mannigfaltigkeit oft unentwirrbar zum Knäuel verwickelt. Und doch stellt man fest: Auch Wissenschaftler ziehen manchmal gemeinsam an einem Strang.

Auf diesem Forschungsgebiet steht uns unübersehbar unser eigenes Sprachvermögen vor Augen – und manchmal im Weg. Menschen überall auf der Welt erwerben schon in so frühem Alter eine so unglaublich vielschichtige Sprache, daß diese in gewissem Umfang auch ihr Denken beeinflußt. Tatsächlich bleibt ein Erlebnis aus der Zeit, bevor wir die Wörter kannten, immer eine nebelhafte, ungenaue Erinnerung (falls wir uns überhaupt daran erinnern). Unsere Fähigkeit, die umgebende Welt in sprachliche Symbole zu fassen, ist uns so sehr zur vertrauten Gewohnheit geworden, daß wir immer wieder den Unterschied zwischen Sprache und Wirklichkeit vergessen. Dann halten wir zum Beispiel das Land, in dem wir leben, für »mein Land«, und der Mitmensch auf der anderen Seite des Schlachtfelds wird »der Feind«.

Es ist deshalb kaum verwunderlich, daß wir dazu neigen, auch die Kommunikation der Tiere mit den Begriffen der menschlichen Sprache zu erfassen. Wir beurteilen die Verständigungsvielfalt der Tiere mit der Meßlatte unseres eigenen Sprachvermögens. So debattieren Naturwissenschaftler, Linguisten und Philosophen endlos über die Frage, ob Affen wirklich die menschliche Zeichensprache oder wenigstens eine »menschenähnliche« Grammatik symbolischer Zeichen und Objekte beherrschen. Indes:

Kanzi mit einem selbstgemachten Steinplättchen im Mund

Über die Art und Weise, wie sich Affen ganz natürlich miteinander verständigen, wissen wir relativ wenig.

Die fatale Tendenz, die menschliche Sprache zum allgemein
gültigen Maßstab zu nehmen, konnte man schon beim
»Schlauen Hans« beobachten. Das Publikum dieses angeb-
lich mathematikbegabten Pferdes war sofort bereit zu glau-

ben, Hans könne die Sprache der Menschen verstehen und ihm gestellte Rechenaufgaben lösen – beides Leistungen, die den Zuschauern geläufig waren; damit konnten sie sich leicht identifizieren. Kurz danach war das Pferd zum Betrüger gestempelt und völlig uninteressant. Warum? Weil ein paar Skeptiker herausgefunden hatten, daß Hans »nur« außerordentlich empfänglich für menschliche Körpersprache war – eine Art der Kommunikation, die wir uns kaum bewußt machen.

In gleicher Weise sind wir beeindruckt, wenn ein Hund die Worte seines Herrchens zu verstehen scheint. Was uns überhaupt nicht interessiert, ist seine ganz andere, viel imponierendere Fähigkeit: Er weiß genau, welcher von den drei Nachbarhunden in letzter Zeit an seinem Lieblingsbaum vorbeigekommen ist; er entnimmt diese präzise Kenntnis dem Duft ihres Urins.

Menschen, außer im Schlaf, leben dauernd in einem Zustand hochbewußter Kommunikation mit ihrer Umwelt. Das weite Spektrum bewußter Wahrnehmungen und Handlungen reicht vom völlig unbewußten Kniereflex bis zum Schreiben eines Romans. Wo auf dieser Skala stehen die Tiere? In der Vergangenheit haben Wissenschaft und Philosophie sie mit Vorliebe an den beiden Extremen angesiedelt. Steven Pinker vertritt in ›Der Sprachinstinkt‹ eine gemäßigtere Meinung. Die Tierkommunikation, sagt er, kann bei weitem nicht auf die gleiche Stufe gestellt werden wie die menschliche Sprache. Von der anderen Seite her argumentiert Donald R. Griffin (in seinem Buch ›Wie Tiere denken‹), daß die Kommunikationsfähigkeit der Tiere mehr ist als nur ein simpler Reflex. Die sicherste Behauptung wäre demnach: Die Tiersprache ist weder ein zuckendes Bein noch ein Roman. Schwierig wird es allerdings, wenn wir der tierischen Kommunikation einen genaueren Platz auf der weiten Skala zuweisen wollen. Nehmen wir als

Beispiele die Papageien, die unsere Sprache am besten nachmachen können, und die Affen, unsere nächsten Verwandten und die wohl »intelligentesten« nicht-menschlichen Tiere: Von beiden wissen wir nicht viel darüber, mit welchem Grad von Bewußtheit sie »sprechen«, und die Wissenschaft ist ganz und gar nicht einig in der Frage, wie sehr ihre Äußerungen einer menschlichen Sprache gleich- oder immerhin nahekommen.

Ein anderer Faden im Knäuel der Kommunikationsexperimente verrät uns etwas über die Macht der Evolution. Steht eine ökologische Nische bereit, so füllt sie sich mit Lebewesen durch einen - im biologischen Sinn – langsamen, zufallsgesteuerten Entwicklungsprozeß. Eine solche Nische entsteht bereits dadurch, daß Männchen für ihre Attraktivität bei den Weibchen auffällige Energien einsetzen, denn damit erhalten nun auch jene »Betrüger« eine Chance, die sich still und heimlich in die Nähe setzen und auf das vom andern angelockte Weibchen warten. Im nächsten Entwicklungsabschnitt öffnet dann das Verhalten dieser »Betrüger« eine weitere Nische für diejenigen Weibchen, die fähig sind, den Eindringling und den rechtmäßigen Revierinhaber auseinanderzuhalten. Der tropische Regenwald stellt einer Vielzahl von Vogelarten derartige Lebensräume zur Verfügung, und folgerichtig entstehen dort nicht nur immer neue Arten, sondern diese entwickeln ihrerseits nie gehörte, einzigartige Verständigungsmittel.

Die schier unendliche Vielfalt der Kommunikationsformen ist ein deutlicher Beweis für ihre fundamentale Bedeutung im Leben der Tiere. Sie benützen jeden ihrer Sinne, sie »reden mit Händen und Füßen«, mit jedem möglichen Körperteil, mit allerlei Stellungen und Haltungen, sie geben und empfangen elektrische Schwingungsimpulse und feinste Geruchssignale (nicht ganz so feine im Fall des Stinktiers), sie morsen mit Blinkzeichen und wechseln bedeutungsvoll ihre Hautfarbe, sie quieken und quaken, kreischen und brummen, zwitschern und trillern, sie »tanzen«, und sie trommeln auf dem Boden.

Dieses Buch zeigt einen winzigen Ausschnitt aus dem reichen Datenmaterial, das die Wissenschaft gesammelt hat; aber selbst dies ist nur die Spitze des Eisbergs. Künftige Forschungen werden uns sicher zu einem tieferen Verständnis der heute schon bekannten Kommunikationsformen verhelfen und darüber hinaus viele neuartige, ebenso faszinierende Tiersprachen entdecken.

Bildnachweis

Lawrence Naylor/PR: S. 4
Mary Thatcher/PR: S. 6
Susan Kuklin/PR: S. 11, 157, 158, 161
Gregory Ochocki/PR: S. 29, 33
George Lower/National Audubon Society/PR: S. 31
Scott Camazine/PR: S. 37
Colin Butler/PR: S. 39
Stephen Dalton:/PR: S. 41
Jerome Wexler/PR: S. 45
J. H. Robinson/PR: S. 49, 55
E.-G. Burmeister: S. 51
Georg Uetz: S. 57, 58
P. J. Watson: S. 63
Ron Church/PR: S. 65
Tom McHugh/PR: S. 67, 71, 165
Tom McHugh/National Audubon Society/PR: S. 68
Rasnow and Assad/Caltech: S. 72
Margaret Ann Marchaterre/Andrew Bass: S. 73
Mac F. Given: S. 77, 79
Leonard Lee Rue/National Audubon Society/PR: S. 80
A. W. Ambler/National Audubon Society/PR: S. 82
Jen and Des Bartlett/PR: S. 83
Graham Pizzey/PR: S. 92
Rick Sternback/PR: S. 100
Francois Gohier/PR: S. 110, 114
James Aroyan/Journ. of Acoustical Soc., Nov. 1992: S. 114
Peter S. Thacher/PR: S. 119
George Daniell/PR: S. 121
Ian Cleghorn/PR: S. 124, 135
Barklow: S. 127, 128
Leonard Lee Rue/PR: S. 138, 147
Hilippa Scott/PR: S. 141
Joseph Van Wormer/National Audubon Society/PR: S. 142
Dr. Marc Bekoff: S. 144
American Museum of Natural History: S. 153
Toni Angermayer/PR: S. 155
George Holton/PR: S. 170
Rose Sevcik, Language Research Center, Georgia State University: S. 174
Ylla/PR: S. 178

PR = Photo Researchers

Register

Biologie im dtv

William H. Calvin
**Die Symphonie des
Denkens**
Wie Bewußtsein entsteht
dtv 30467

William H. Calvin
**Der Strom, der
bergauf fließt**
Eine Reise durch die
Evolution
dtv 30579

Richard Dawkins
Der blinde Uhrmacher
Ein neues Plädoyer für
den Darwinismus
dtv 30558

Adolf Faller
**Der Körper des
Menschen**
Einführung in Bau und
Funktion
dtv 3014

Karl Grammer
Signale der Liebe
Die biologischen Gesetze
der Partnerschaft
dtv 30498

Josef H. Reichholf
**Der Tropische
Regenwald**
Die Ökobiologie des
artenreichsten Natur-
raums der Erde
dtv 11262

Günter Vogel
Hartmut Angermann
dtv-Atlas zur Biologie
Tafeln und Texte
In drei Bänden
dtv 3221
dtv 3222
dtv 3223
Kassettenausgabe der
drei Bände
dtv 5937

dtv

Naturwissenschaft im dtv

Naturwissenschaft im dtv

Frederic Vester im dtv

Ein großer Umweltforscher und Kybernetiker,
der Neuland des Denkens erschließt.

Denken, Lernen, Vergessen

Was geht in unserem Kopf vor, wie lernt das Gehirn, und wann läßt es uns im Stich?
dtv 30003

Ballungsgebiete in der Krise

Vom Verstehen und Planen menschlicher Lebensräume
dtv 30007
Eine praktikable Anleitung, die Zukunft unserer bedrängten Lebensräume auf der Grundlage biokybernetischen Denkens als vernetztes System zu erfassen und für die Zukunft neu zu gestalten.

Phänomen Streß

Wo liegt der Ursprung des Streß, warum ist er lebenswichtig, wodurch ist er entartet?
dtv 30064
Vester vermittelt in einer auch dem Laien verständlichen Sprache die Zusammenhänge des Streßgeschehens.

Unsere Welt – ein vernetztes System

dtv 30078
Anhand vieler anschaulicher Beispiele erläutert Vester die Steuerung von Systemen in der Natur und durch den Menschen und wie wir sie zur Lösung von Problemen einsetzen können.

Neuland des Denkens

dtv 33001
Frederic Vester fragt, warum menschliches Planen und Handeln so häufig in Sackgassen und Katastrophen führt. Das fesselnd und allgemeinverständlich geschriebene Hauptwerk von Frederic Vester.

Frederic Vester
Gerhard Henschel
Krebs – fehlgesteuertes Leben

dtv 11181
Das vielschichtige Problem Krebs wird in grundlegenden biologischen und medizinischen Zusammenhängen diskutiert und dargestellt.

Carl Friedrich von Weizsäcker im dtv

»Ein Philosoph, der weiß, wovon er spricht, wenn er über
Physik, Evolution, Politik und gar nicht leider auch
Theologie spricht, ist vielleicht das letzte Exemplar einer
aussterbenden Spezies; der Mut zur Synopsis und die
Kraft der synthetischen Bemühung sind großartig.«
Albert von Schirnding, ›Süddeutsche Zeitung‹

Deutlichkeit
Beiträge zu politischen
und religiösen Gegen-
wartsfragen
dtv 1687

Aufbau der Physik
dtv 4632
Das Standardwerk über
die Einheit der Physik
und ihren philosophischen
Sinn, also ihre Rolle bei
unserem Bestreben, uns
der Einheit der Wirklich-
keit zu öffnen.

Zeit und Wissen
dtv 4643
Was heißt Sein? Was heißt
Wissen? Was heißt Zeit?
In einem Rundgang durch
die Naturwissenschaften,
die Philosophie, Religion
und Kunst werden die
fundamentalen Positionen
aufgezeigt und ihr Zusam-
menhang erläutert. So ver-
bindet sich eine umfas-
sende Weltsicht mit dem
Entwurf einer zukünfti-
gen Philosophie.

Die Einheit der Natur
Studien
dtv 4660
Mit diesem längst zum
Klassiker gewordenen
Buch beleuchtet der Phy-
siker und Philosoph die
Grundfrage der modernen
Wissenschaft: die Frage
nach der Einheit der
Natur und der Einheit der
Naturerkenntnis.

Wahrnehmung der Neuzeit
dtv 10498
Aufsätze zu den wesentli-
chen Fragen und Proble-
men unserer Zeit.

Der Mensch in seiner Geschichte
dtv 30378
Ein autobiographischer
Rückblick, der Antworten
auf die wichtigsten Fragen
der modernen Naturwis-
senschaften und Philoso-
phie gibt: Wer sind wir?
Woher kommen wir?
Wohin gehen wir?

Konrad Lorenz im dtv

»Es gibt keinen erfolgreichen und guten Biologen, der nicht
aus inniger Freude an den Schönheiten der lebendigen
Kreatur zu seinem Lebensberufe gelangt wäre.«
Konrad Lorenz

Das sogenannte Böse
Zur Naturgeschichte der Aggression
dtv 30025

Konrad Lorenz behandelt einen gefährlichen Grundantrieb
menschlichen Verhaltens: die Aggression, das heißt den auf
den Artgenossen gerichteten Kampftrieb bei Mensch und
Tier. Das Buch hat eine fruchtbare und nützliche Diskussion
über die natürlichen Grundlagen des menschlichen Daseins
in Gang gesetzt, die so rasch nicht wieder verstummen wird.
Ein Schlüsselwerk von epochalem Rang.

Er redete mit dem Vieh, den Vögeln und den Fischen
dtv 30053

Das Haus von Konrad Lorenz in Altenberg bei Wien glich
einer Arche Noah: Es war bevölkert von allen möglichen Tieren, die mit großer Liebe an ihrem Herrn und Meister hingen.
Humorvoll und selbstironisch schildert Lorenz seine Erleb-
nisse mit den Tieren und berichtet dabei viel Wissenswertes
über deren differenzierte Lebensgewohnheiten und Verhaltensweisen.

So kam der Mensch auf den Hund
dtv 3055

Aus uralten Instinkten erklärt Lorenz das Verhalten unseres
vierbeinigen Hausgenossen, das manchmal fast menschlich
anmutet, dem Hundeliebhaber allerdings oft unverständlich
und sogar unheimlich erscheint. Jede Hunderasse, aber auch
jeder einzelne Hund hat einen eigenen (und oft eigensinni-
gen) Charakter, den nur entschlüsseln kann, wer die Ent-
wicklungsgeschichte und Verhaltensformen dieser Tierart
kennt.